Chowdhury Nawrin Ferdous
Asif-Ur Rahaman
Ahsan Ullah

Comparação entre os diferentes protocolos de mobilidade em camadas de transporte

Chowdhury Nawrin Ferdous
Asif-Ur Rahaman
Ahsan Ullah

Comparação entre os diferentes protocolos de mobilidade em camadas de transporte

ScienciaScripts

Imprint

Cover image: www.ingimage.com

This book is a translation from the original published under ISBN 978-613-9-96075-0.

Publisher:
Sciencia Scripts
is a trademark of
Dodo Books Indian Ocean Ltd. and OmniScriptum S.R.L publishing group

120 High Road, East Finchley, London, N2 9ED, United Kingdom
Str. Armeneasca 28/1, office 1, Chisinau MD-2012, Republic of Moldova, Europe
Printed at: see last page
ISBN: 978-620-5-74963-0

ABSTRACT

A mobilidade dos anfitriões da Internet permite que os nós informáticos se desloquem entre sub-redes. A fim de proporcionar uma conectividade contínua aos utilizadores de roaming, foram desenvolvidos vários protocolos de mobilidade em diferentes níveis. O IP móvel foi desenvolvido para lidar com a mobilidade dos anfitriões da Internet na camada da rede. A mobilidade na camada de transporte pode ultrapassar muitas das limitações dos esquemas da camada de rede. Foram propostas várias abordagens para implementar a mobilidade na camada de transporte. Nesta tese, discutimos uma série de pro-tocolos de mobilidade na camada de transporte, classificamo-los de acordo com a sua abordagem, e comparamo-los com base numa série de critérios de avaliação. Os componentes de um esquema completo de gestão da mobilidade consistem na transferência, migração de ligações e gestão de localização. Os critérios de avaliação foram desenvolvidos para determinar e comparar a eficácia dos esquemas de mobilidade. Os critérios incluem transferência, perda e atraso de pacotes, tolerância a falhas, exigência de mudança na infra-estrutura de rede, tipo de mobilidade, apoio à diversidade IP, segurança, escalabilidade, etc. Nesta tese, utilizamos os critérios acima referidos para classificar os esquemas de mobilidade propostos.

TABELA DE CONTEÚDOS

LISTA DE ABREVIATURAS

ACK : Acknowledgement

API : Application Programming Interface

BARWAN : Bay Area Research Wireless Access Network

BS : Base Station

CN : corresponding node

CWND : Congestion Window

DHCP : Dynamic Host Configuration Protocol

DOS : Disk Operating System

FTP : File Transfer Protocol

HTTP : Hypertext Transfer Protocol

I-TCP : Indirect TCP

IPsec : Internet Protocol Security

MH : Mobile host

M-TCP : Migrate TCP

MMSP : Mobile Multimedia Streaming Protocol

M-UDP : Mobile UDP

mSCTP : Mobile SCTP

RCP : Reception Control Protocol

R^2CP : Radial Reception Control Protocol

RTT : Round-Trip Time

SACK : Selective Acknowledgment

SCTP : Stream Control Transmission Protocol

SIGMA : Seamless IP diversity based Generalized Mobility Architecture

TCP : Transmission Control Protocol

ZWA : Zero Window Advertisement

ZWP : Zero Window Probes

CAPÍTULO 1
INTRODUÇÃO

1.1 Introdução

A Internet baseia-se numa arquitectura de cinco camadas: física, ligação de dados, rede, transporte e camadas de aplicação, tendo cada camada responsabilidades específicas. Uma vez que a mobilidade pode ser gerida em diferentes camadas, uma questão natural a responder é a camada em que a mobilidade deve ser gerida. Vários trabalhos têm sido feitos sobre os pontos fracos e fortes da gestão da mobilidade nos diferentes estratos. A mobilidade pode ser gerida em diferentes camadas da pilha de protocolos, sendo a mobilidade da rede e da camada de transporte a mais estudada. A mobilidade na camada de transporte pode ultrapassar muitas das limitações dos esquemas da camada de rede, como o IP Móvel.

1.2 Visão geral

Os nós móveis do futuro serão equipados com múltiplas interfaces de rede para tirar partido das redes sobrepostas, mas nenhum sistema de mobilidade actual fornece apoio total para a utilização simultânea de múltiplas interfaces. A necessidade desse apoio surge quando múltiplas opções de conectividade estão disponíveis com diferentes características de custo, cobertura, latência e largura de banda, e as aplicações querem que os seus dados fluam através da interface que melhor corresponda às características dos dados. Apresentamos uma arquitectura chamada Transport Layer Mobility que permite aos nós móveis não só alterar o seu ponto de ligação à Internet, mas também controlar que interfaces de rede são utilizadas para os diferentes tipos de dados que partem e chegam ao nó móvel.

A Internet foi originalmente concebida para anfitriões estáticos ligados através de redes com fios. A proliferação de obras de redes sem fios deu origem a uma procura crescente de mobilidade dos anfitriões, resultando em vários esquemas de gestão da mobilidade. A gestão da mobilidade consiste em duas operações fundamentais - Handoff e Location Management. A transferência de propriedade ocorre quando um dispositivo móvel muda o seu ponto de ligação enquanto ainda comunica com o seu par. A transferência pode ser implementada uma Gestão de Localização refere-se à tarefa de localizar (encontrar o endereço IP) um Anfitrião Móvel (MH), a fim de iniciar e estabelecer uma ligação por um nó. Um bom esquema de gestão de localização deve fornecer um endereço válido da MH, e ser transparente para os seus pares.

1.2.1 Diferentes protocolos da camada de transporte

Existem muitos protocolos de mobilidade na camada de transporte com critérios diferentes. Enquanto o IP Móvel é um esquema da camada de rede que torna a mobilidade transparente para as camadas superiores, aumentando a carga e a responsabilidade da infra-estrutura da Internet, os esquemas da camada de transporte baseiam-se numa abordagem end-to-end da mobilidade que tenta manter a infra-estrutura da Internet inalterada, permitindo que os anfitriões finais se encarreguem da mobilidade. MSOCKS[?], SIGMA[?], RCP[?], Freeze-TCP[?], R^2 CP, MMSP, I-TCP, M-TCP, M-UDP, BARWAN, TCP-R, mSCTP[?] etc. são os diferentes protocolos de mobilidade da camada de transporte.

1.2.2 Critérios de comparação

Transferência, migração de ligações e gestão de localização são os principais fundamentos de um esquema completo de gestão da mobilidade. Há que desenvolver critérios de avaliação para determinar e comparar a eficácia dos esquemas de mobilidade. Neste documento, utilizamos a transferência de propriedade, perda e atraso de pacotes, tolerância a falhas, exigência de mudança na infra-estrutura de rede, tipo de mobilidade, apoio à diversidade IP, segurança, escalabilidade, etc. para classificar os esquemas de mobilidade propostos.

CAPÍTULO 2

ANTECEDENTES LITERÁRIOS

A proliferação de computadores portáteis, computadores de mão, telemóveis e outras plataformas de computação móvel ligadas à Internet desencadeou muita investigação sobre o apoio à mobilidade em redes IP. É provável que os terminais móveis modernos estejam equipados com dispositivos de comunicação sem fios, permitindo-lhes alcançar constantemente a Internet e participar nela como os sistemas finais normais o fariam. Um terminal móvel, contudo, representa uma má adaptação aos pressupostos tradicionais em que se baseiam os protocolos IP: um sistema final clássico não se move e tem apenas um único ponto de ligação à rede. Para um tal sistema terminal, um único cabo é suficiente para representar tanto a identidade de um terminal como a sua localização dentro da rede; o endereço IP é este mesmo cabo. Um tal manipulador permanente não é apropriado em redes móveis. Por um lado, é necessário um identificador para distinguir entre diferentes terminais; por outro lado, a informação sobre a localização actual dentro de uma rede tem de ser fornecida para assegurar que os pacotes destinados a um determinado terminal possam ainda ser encaminhados para este terminal. O problema fundamental de mobilidade nas redes baseadas em IP é, portanto, a separação da identidade e da localização.

O problema da mobilidade em redes IP[?] tem sido tradicionalmente resolvido na camada da rede. Agora é resolvido na camada de transporte, de ponta a ponta. A implementação deste conceito requer mudanças nas camadas de transporte existentes. Em trabalhos anteriores, o TCP foi modificado para apoiar um tal conceito de mobilidade de ponta a ponta. Embora o TCP seja de facto o protocolo de transporte mais frequentemente utilizado na Internet, pode não ser a plataforma perfeita para experimentar formas não convencionais de apoiar a mobilidade. A Internet baseia-se numa arquitectura de cinco camadas: física, ligação de dados, rede, transporte e camadas de aplicação, tendo cada camada responsabilidades específicas. Uma vez que a mobilidade pode ser gerida em diferentes camadas, mas para lidar de forma eficiente com a camada de transporte introduz alguns esquemas TCP importantes. Aqui, a eficiência necessita para algumas questões importantes como, perda de pacotes e latência, controlo de congestionamento, migração de ligações, infra-estrutura, gestão de localização, etc. Os esquemas para a gestão da mobilidade sob a camada de transporte são:

- MSOCKS
- SIGMA
- Migrar TCP

- Congelar TCP
- RCP
- R^2 CP

Alguns outros esquemas também foram confiados. A nossa principal tarefa é comparar os seis protocolos que são mencionados. Comparamos os protocolos basicamente com base em alguns critérios importantes: processo de transferência, transparência, perda ou atraso, escalabilidade e tolerância a falhas, segurança, diversidade de caminhos, mudança de infra-estruturas, etc.

MSOCKS utiliza TCP Splice para migração de ligações e suporta múltiplos endereços IP para múltiplas interfaces. Quando um MH se desliga de uma sub-rede durante a transferência, obtém um novo endereço IP da nova sub-rede usando DHCP, e estabelece uma nova ligação com o proxy usando a sua segunda interface. A comunicação entre o proxy e a CN, no entanto, permanece inalterada. O fluxo de dados entre MH e CN continua assim, com o CN a desconhecer a mobilidade. Assim, a sua realização é o nó móvel que tem liberdade de enviar e receber a partir da interface de rede da sua escolha e preservação da fiabilidade e correcção dos TCPs de ponta a ponta. Assim, o MSOCKS fornece aplicações com diferentes controlos sobre as suas sessões.

SIGMA é um esquema completo de gestão de mobilidade de diversidade IP sem costura implementado na camada de transporte, e pode ser utilizado com qualquer protocolo de transporte que suporte a diversidade IP. MSOCKS implementa a mobilidade como um serviço de ponta a ponta sem o requisito de alterar as infra-estruturas da camada de rede; no entanto, não visam reduzir a alta latência e a perda de pacotes resultantes de transferências. A alta latência e o controlo da perda de pacotes é o significado do SIGMA. MH muda-se para a região sobreposta de duas sub-redes vizinhas, obtém um novo endereço IP da nova sub-rede, tendo ainda o antigo como endereço primário. Quando o sinal recebido na MH da antiga sub-rede desce abaixo de um determinado limiar, a MH muda o seu endereço primário para o novo. Quando deixa a área sobreposta, libera o endereço antigo e continua a comunicar com o novo endereço. A gestão da localização no SIGMA é feita utilizando DNS, uma vez que quase todas as ligações à Internet começam com uma pesquisa de nomes. Sempre que uma MH altera o seu endereço, a entrada DNS é actualizada para que os pedidos subsequentes possam ser ser servidos com o novo endereço IP.

Migrar TCP (M-TCP) é um esquema transparente de gestão da mobilidade que se baseia na migração de ligações e utiliza DNS para a gestão da localização. Em Migrate TCP, quando uma MH inicia uma ligação com uma CN, os nós finais trocam um símbolo para identificar a ligação específica. Uma transferência difícil tem lugar quando a MH restabelece uma ligação previamente estabelecida utilizando o token, seguida de migração da ligação. Semelhante ao SIGMA[?], este esquema propõe a utilização do DNS para a gestão da localização. A principal realização da M- TCP é a continuidade do serviço. A aplicação básica do M-TCP é para ligações de longa duração como serviços de streaming multimédia ou vídeos, os utilizadores finais esperam tanto a correcção como um bom tempo de resposta como, por exemplo, Internet banking, comércio electrónico, etc.

Mecanismo de congelamento-PCC que é um verdadeiro esquema de ponta a ponta e não requer o envolvimento de quaisquer intermediários (tais como estações de base) para o controlo do fluxo. Além disso, este esquema não requer quaisquer alterações do "lado do remetente" ou dos routers intermediários; as alterações no código TCP são restritas ao lado do cliente móvel, tornando possível a plena interoperabilidade com a infra-estrutura existente. O Freeze-TCP permite ao MH "congelar" ou parar uma ligação TCP existente durante a transferência, anunciando uma janela de tamanho zero à CN, e descongela a ligação após a transferência. Este esquema reduz as perdas de pacotes durante a entrega ao custo de um atraso maior.

O RCP (Reception Control Protocol) é um protocolo de transporte centrado no receptor que é um clone TCP no seu comportamento geral, mas que permite um melhor controlo de congestionamento, recuperação de perdas, e mecanismos de gestão de energia em comparação com as abordagens centradas no emissor. No RCP, uma vez que o controlo da transferência de dados é transferido do emissor para o receptor, o estilo de aperto de mão DATA-ACK no TCP já não é aplicável. Em vez disso, para imitar as características de auto-atendimento do TCP, o RCP utiliza o aperto de mão REQ-DATA para a transferência de dados, onde qualquer dado transferido do remetente é precedido de um pedido explícito (REQ) por parte do receptor.

Assim, a realização é que o receptor tem controlo total sobre os dados e qualquer mecanismo de recuperação de perdas pode ser utilizado para optimizar o ambiente sem fios.

R^2 CP (Radial Reception Control Protocol) é baseado no Protocolo de Controlo de Recepção, um clone TCP no seu comportamento geral, mas move os problemas de controlo de congestionamento e fiabilidade do remetente para o receptor no pressuposto de que o MH é o receptor e deve ser responsável pelos parâmetros da rede. R^2 CP tem algumas características adicionais sobre o RCP, como o suporte de acesso a ligações sem fios heterogéneas e diversidade IP que permite um handoff suave e agregação de largura de banda utilizando múltiplas interfaces. Um esquema de gestão de localização pode ser integrado com R^2 CP para implementar um esquema completo. R^2 CP mantém as quatro principais estruturas de dados para realizar uma programação eficaz de pacotes como, por exemplo, ligação, pendente, classificação e activa. As realizações são handoffs contínuos entre interfaces, migração de servidores, agregação de largura de banda, etc.

Existem mais outros esquemas de protocolos de gestão da mobilidade. Por exemplo, MMSP, I-TCP, mSCTP,

M-UDP, BARWAN, etc.

O MMSP (Mobile Multimedia Streaming Protocol) apoia a transferência suave transparente através da diversidade de IP e utiliza o bicasting para evitar perdas durante o período de transferência. Este protocolo utiliza a Forward Error Correction (FEC) e a fragmentação para mitigar os erros sem fios e não inclui a gestão de localização.

O I-TCP (Indirect TCP) é um esquema de mobilidade que requer uma passagem entre o caminho de comunicação da CN e MH para permitir a mobilidade. Neste esquema, é estabelecida uma ligação TCP entre o CN e o gateway e uma ligação I-TCP entre o gateway e a MH para permitir a comunicação entre o CN e a MH. A parte TCP permanece inalterada durante a vida da comunicação e não tem conhecimento da mobilidade de MH. Na parte I-TCP, quando a MH passa de uma sub-rede para outra, é estabelecida uma nova ligação entre a MH e a porta de ligação e a antiga é substituída pela nova. A gestão da localização não está incluída neste esquema.

mSCTP (Mobile SCTP) apoia a diversidade IP e a transferência suave. O handoff é semelhante ao do SIGMA. mSCTP[?] pode manter a transparência da aplicação mas não suporta a gestão de localização. M-UDP (Mobile UDP) é uma implementação do protocolo UDP com suporte de mobilidade semelhante ao I-TCP e M-TCP. Tal como o M-TCP, M-UDP utiliza um gateway para dividir as ligações entre MH e CN para assegurar um gateway ininterrupto para a ligação CN e mudar continuamente MN para a ligação gateway. Isto também não inclui a diversidade IP ou a gestão de localização.

BARWAN (The Bay Area Research Wireless Access Network) é uma solução para uma rede heterogénea de sobreposição sem fios. Tem uma arquitectura centrada em gateways, partindo do princípio de que as redes sem fios são construídas em torno das gateways. Diversas redes sobrepostas são integradas através de software que opera entre a MH e a rede. Isto apoia a MH a mover-se entre múltiplas redes sem fios. BARWAN exige que a aplicação esteja ciente da mobilidade, uma vez que a decisão de fazer uma transferência é tomada pela aplicação. Este esquema não especifica um gestor de localização.

CAPÍTULO 3

PROTOCOLOS DE MOBILIDADE NA CAMADA DE TRANSPORTE

3.1 Introdução

Neste capítulo, discutiremos cerca de seis protocolos de mobilidade na camada de transporte: MSOCKS, SIGMA, RCP, R^2 CP, Congelar TCP, Migrar TCP.

3.2 MSOCKS

O MSOCKS é construído em torno de um proxy que é inserido no caminho de comunicação entre um nó móvel e os seus correspondentes anfitriões. Para cada fluxo de dados de um nó móvel para um anfitrião correspondente, o proxy é capaz de manter um fluxo de dados estável para o anfitrião correspondente, isolando o anfitrião correspondente de quaisquer problemas de mobilidade. Entretanto, o proxy pode simultaneamente fazer e quebrar ligações ao nó móvel, conforme necessário para migrar fluxos de dados entre interfaces de rede ou sub-redes. O proxy pode então mediar a comunicação entre servidor e cliente, e fornecer serviços em nome de qualquer um deles. Os proxys podem:

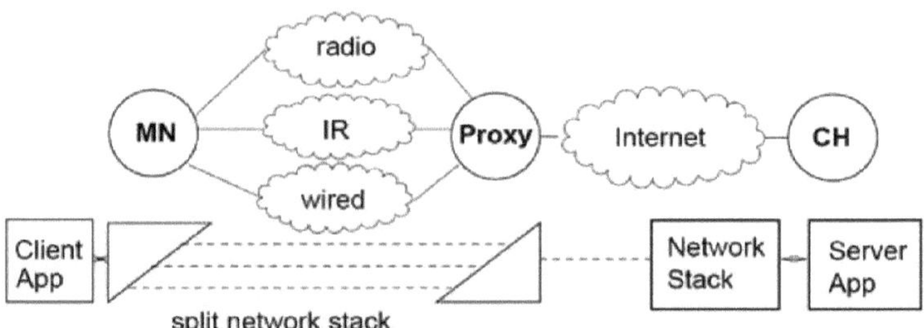

Figura 3.1: Topologia comum da rede mostrando a localização de um proxy entre o nó móvel e o correspondente anfitrião.

fornecer recursos de processamento que o cliente possa não ter; reformatar a informação do servidor para se adaptar ao nó móvel, como o redimensionamento de imagens GIF para pequenos ecrãs; ou utilizar compressão para reduzir a largura de banda necessária entre o nó móvel e o proxy, que é frequentemente uma ligação de baixa qualidade. Em uma palavra, MSOCKS é um sistema flexível que os nós móveis podem continuar as ligações entre diferentes interfaces.

3.2.1 Arquitectura MSOCKS

MSOCKS, é construído em torno de uma técnica a que chamamos TCP Splice. TCP Splice permite a máquina onde duas ligações TCP independentes terminam para unir as duas ligações, formando efectivamente uma única ligação TCP de ponta a ponta entre os pontos finais das duas ligações originais. A arquitectura MSOCKS consiste em três peças: um processo proxy MSOCKS a nível de utilizador executado numa máquina proxy; uma modificação no núcleo da máquina proxy para fornecer o serviço TCP Splice; e uma biblioteca MSOCKS que funciona sob a aplicação do nó móvel.

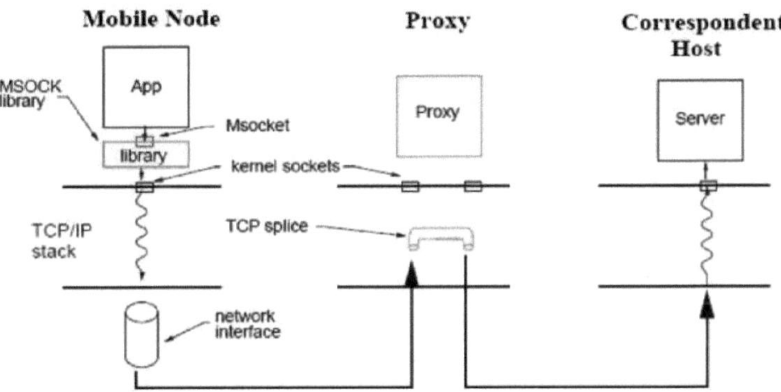

Figura 3.2: As partes mostradas a verde são onde as alterações MSOCKS são feitas às partes padrão do sistema cliente-servidor baseado em proxy.

3.2.2 Protocolo MSOCKS

Estabelecimento de ligação

A Figura 3.3 mostra os pacotes trocados quando uma aplicação cliente MSOCKS se liga a um servidor num anfitrião correspondente. A aplicação connect() é interceptada pela biblioteca MSOCKS e transformada numa chamada para Mconnect(). Mconnect utiliza primeiro a pilha TCP normal dos nós móveis para fazer uma ligação ao proxy, utilizando os endereços apropriados para os dados que a ligação irá transportar. Através desta ligação, a biblioteca envia ao proxy o endereço do servidor e o número de porta que a aplicação deu como argumentos para Mconnect(), juntamente com qualquer informação de autenticação que o proxy necessite.

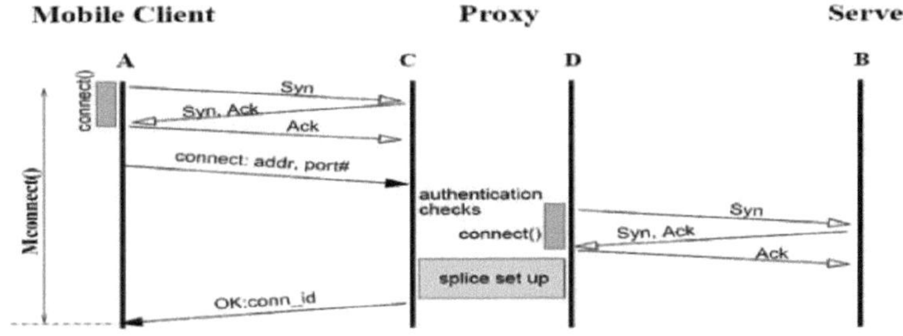

Figura 3.3: Estabelecimento de ligação entre um cliente MSOCK e um anfitrião correspondente através de um Proxy MSOCK.

A técnica de emenda suporta uma negociação de autenticação arbitrária com pacotes enviados de e para o proxy, Depois de autenticar o nó móvel, o proxy liga-se ao serviço desejado e depois emenda a ligação móvel-proxy e proxy-servidor em conjunto. Quando a emenda é configurada, o proxy transmite uma mensagem final OK ao nó móvel para sincronizar a biblioteca MSOCKS. A mensagem OK contém o identificador de ligação do proxy atribuído a esta sessão para utilização caso o nó móvel queira mais tarde voltar a ligá-lo.

Reconexão de nó móvel

A técnica de emenda permite-nos efectuar reconexões mesmo quando há dados em voo entre o hospedeiro correspondente e o nó móvel, ou quando não há qualquer aviso de que o nó móvel necessitará de mudar de endereço, como por exemplo, durante os hand-offs difíceis. Sem cuidado, estes pacotes em voo podem ser perdidos ou duplicados; o protocolo MSOCKS RECONNECT juntamente com o TCP

Splice assegura que a semântica de ponta a ponta fiável e in-sequência do TCP é mantida. A Figura 3.4 mostra os pacotes trocados quando uma ligação entre um nó móvel e um proxy quebra por alguma razão (por exemplo, o nó móvel move-se e obtém um novo endereço IP, ou deseja mudar a sessão de uma interface de rede para outra). Após a ligação ao proxy ser interrompida, a biblioteca MSOCKS abre uma nova tomada, rotulada E na figura, e liga-se ao proxy utilizando-a. A biblioteca do MSOCKS transmite uma mensagem de reconexão a

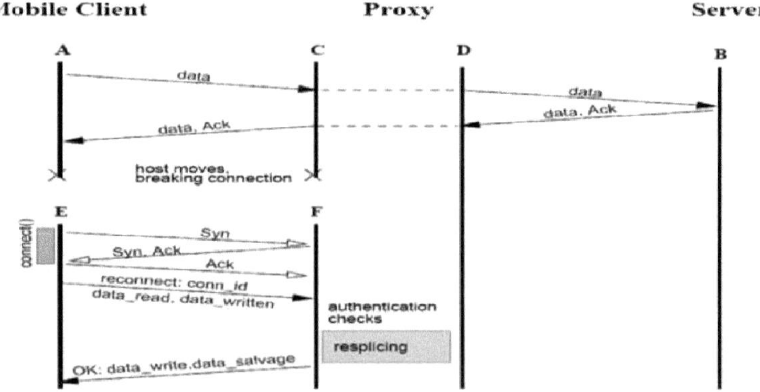

Figura 3.4: Datagramas de troca de pacotes para um nó móvel que volta a ligar-se a uma ligação existente.

o proxy que dá o identificador da ligação antiga ao servidor, juntamente com um contador de leitura de dados, dizendo ao proxy quantos bytes de dados a aplicação leu a partir da ligação, e um contador de escrita de dados, dizendo ao proxy quantos bytes de dados a aplicação escreveu para a ligação. O proxy emendará então a nova ligação à ligação proxy-servidor em vez da antiga ligação móvel-proxy e fechará a antiga ligação. Uma vez configurada a emenda, o proxy envia uma mensagem de OK à biblioteca MSOCKS, juntamente com a escrita de dados e os contadores de salvamento de dados, orientando a biblioteca MSOCKS sobre como completar a emenda no final do nó móvel. A aplicação e o servidor desconhecem completamente o facto de a emenda ter ocorrido.

3.2. 3Desempenho

Para além de suportar muitas ligações, um proxy MSOCKS ideal adicionaria uma latência mínima ao caminho dos pacotes que viajam de ou para os nós móveis.

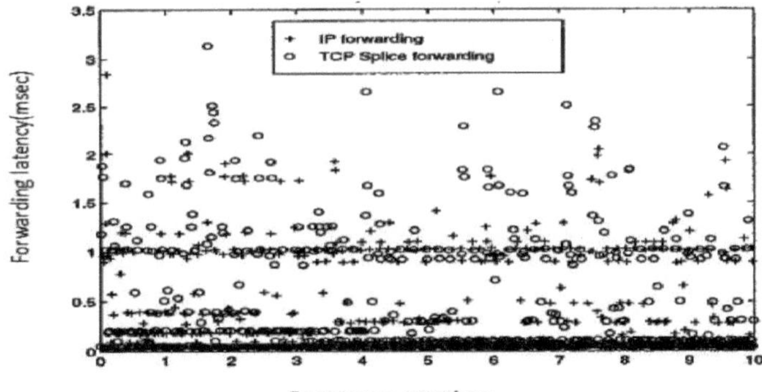

Figura 3.5: Comparação da latência do encaminhamento de IP com a latência do TCP Splice reencaminhamento

Outra questão preocupante é a rapidez com que o MSOCKS será capaz de voltar a ligar ligações TCP após a decisão de reencaminhar uma ligação. O tempo que o procurador leva a replicar duas ligações é insignificante. A maior latência na reconexão resulta do tempo necessário para estabelecer a nova ligação TCP e transmitir a mensagem RECONNECT, o que, por sua vez, depende criticamente do tempo de ida e volta (RTT) da tecnologia de rede específica para a qual se está a comutar. Uma análise ao nível do protocolo mostra a maior taxa a que um nó móvel pode razoavelmente reconectar sessões TCP é limitada a uma vez por 2,5 tempos de ida e volta: 1,5 RTT para o estabelecimento da ligação, e 0,5 RTT para a transmissão da mensagem RECONNECT OK, e 0,5 RTT para os dados.

A Figura 3.5 compara a latência vista por pacotes numa ligação TCP encaminhada via IP através da nossa máquina de testes com a latência vista por pacotes numa ligação TCP emendada na nossa máquina de testes.

O eixo X na figura é o número de sequência do pacote. Os dados de uma execução maior estão resumidos na tabela 3.1.

Tabela 3.1: Resumo das latências de reencaminhamento criadas bt TCP Splice e IP Routing

Criteria	mean(msecs)	median(msecs)
IP Forwrding	0.4038	0.0960
TCP Splice Forwarding	0.4444	0.1120

3.3 SIGMA

SIGMA significa "Seamless IP diversity based Generalized Mobility Architecture" (Arquitectura de Mobilidade Generalizada baseada na Diversidade IP). SIGMA[?] fornece uma transferência sem falhas para hosts móveis e baseia-se no SCTP, que é um novo protocolo de transporte fiável introduzido pela IETF para transportar mensagens de sinalização SS7 através da rede IP. Pode reduzir grandemente a latência da transferência, perda de pacotes, custos de sinalização e melhorar todo o rendimento dos sistemas em comparação com os populares esquemas de transferência baseados em IP móvel[?].

3.3.1 Motivação do SIGMA

Outros protocolos de mobilidade da camada de transporte implementam a mobilidade como um serviço de ponta a ponta sem o requisito de alterar as infra-estruturas da camada de rede; muitos protocolos da camada de transporte não visam reduzir a alta latência e a perda de pacotes resultantes de transferências. Mas o Sigma trata de alta latência e perda de pacotes. Seamless significa baixa latência e baixa perda de pacotes. A ideia básica do SIGMA é dissociar a gestão de localização da transferência de dados, e conseguir uma transferência de dados sem descontinuidades, explorando a diversidade IP para manter vivo o antigo caminho durante o processo de criação do novo caminho durante a transferência de dados.

3.3.2 Procedimento detalhado de entrega do SIGMA

PASSO 1: Obter novo endereço IP

Ver a Figura 3.6 como exemplo, o procedimento de preparação da entrega começa quando MH se desloca para a área de cobertura de rádio sobreposta de duas sub-redes adjacentes. Assim que a MH receber o anúncio do novo router de acesso (AR2), deverá começar a obter um novo endereço IP (IP2 na Figura 3.6). Isto pode ser conseguido através de vários métodos: DHCP, DHCPv6, ou auto-configuração de endereço sem estado IPv6 (SAA).

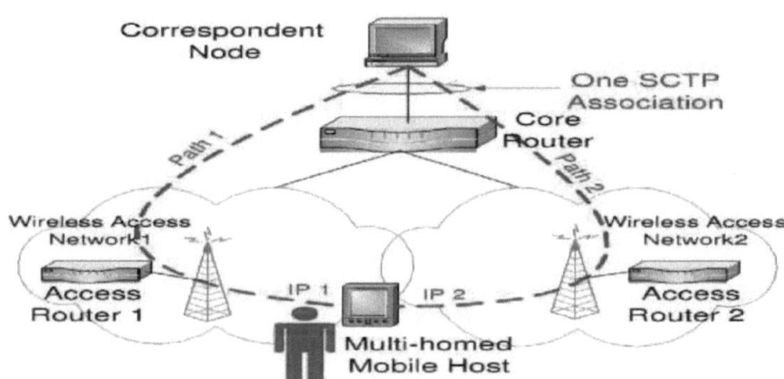

Figura 3.6: Uma associação SCTP com anfitrião móvel multi-homed

PASSO 2: Adicionar endereços IP à associação

Após a MH ter obtido o endereço IP2 pelo PASSO 1, a MH deve notificar a CN sobre a disponibilidade do novo endereço IP através da opção Reconfiguração Dinâmica de Endereços SCTP. Esta opção define dois novos tipos de pedaço (ASCONF eASCONF-ACK) e vários tipos de parâmetros (Adicionar Endereço IP,Apagar Endereço IP, e Definir Endereço Primário, etc.).

PASSO 3: Redireccionar pacotes de dados para um novo endereço IP

Quando a MH se desloca mais para a área de cobertura da rede de acesso sem fios2, a CN pode redireccionar o tráfego de dados para o novo endereço IP2 para aumentar a possibilidade de que os dados possam ser entregues com sucesso à MH. Esta tarefa pode ser realizada enviando um ASCONF de MH para CN, através do qual o CN define o seu endereço de destino primário para o IP2 de MHs.

PASSO 4: Actualização do gestor de localização (LM)

O SIGMA apoia a gestão de localização empregando um gestor de localização que mantém uma base de dados que regista a correspondência entre a identidade das MHs e o endereço IP primário actual das MHs. MH pode utilizar qualquer informação única como a sua identidade, como o endereço domiciliário como MIP, ou nome de domínio, ou uma chave pública definida em Public Key Infrastructure(PKI). Podemos observar uma diferença importante entre SIGMA e MIP: as funções de gestão de localização e encaminhamento de tráfego de dados são acopladas em MIP[?], enquanto que em SIGMA são desacopladas para acelerar a transferência e tornar a implementação mais flexível.

PASSO 5: Eliminar ou desactivar o endereço IP obsoleto

Quando MH sai da cobertura da rede de acesso sem fios1, nenhum dado novo ou retransmitido deve ser dirigido para endereçar IP1. Em SIGMA, MH notifica a CN que o IP1 está fora de serviço para transmissão de dados, enviando um pedaço ASCONF para a CN para apagar o IP1 da lista de IPs de destino disponíveis. Uma forma menos agressiva de impedir o CN de enviar dados para IP1 é MH anunciar uma janela de receptor zero (correspondente ao IP1) ao CN. Desactivando, em vez de apagar, o endereço IP,SIGMA pode adaptar-se mais graciosamente aos padrões de movimento em ziguezague de MHs e reutilizar o endereço IP anteriormente obtido (IP1), desde que a vida útil do IP1s não tenha expirado. Isto reduzirá a latência e o tráfego de sinalização causado pela obtenção de um novo endereço IP.

3.3.3 Diagrama de tempo

A Figura 3.7 resume as sequências de sinalização envolvidas no SIGMA. Aqui assumimos o IPv6

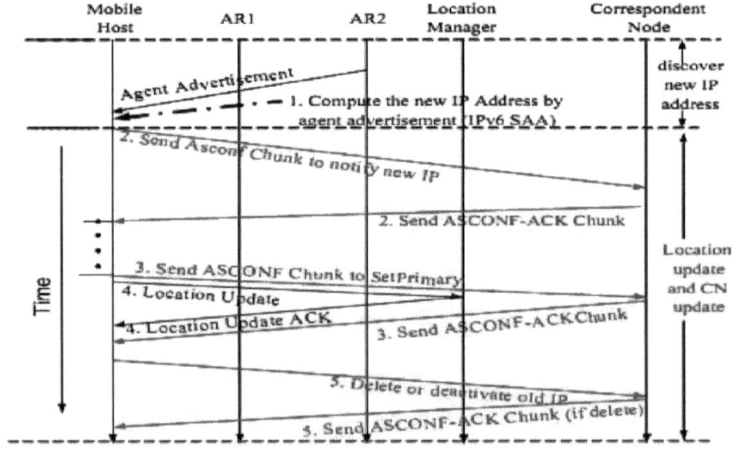

Figura 3.7: Diagrama de tempo do Sigma

O SAA é utilizado por MH para obter um novo endereço IP. É de notar que antes do antigo IP ser apagado na CN, pode sempre receber pacotes de dados (não mostrados na figura) em paralelo com a troca de pacotes de sinalização.

3.4 Protocolo de Controlo de Recepção

O RCP transfere a responsabilidade pela execução de fiabilidade e controlo de congestionamento do remetente para o receptor. Protocolo de transporte centrado no receptor chamado RCP (Reception Control Protocol) que é um clone TCP no seu comportamento geral, mas que permite um melhor controlo de congestionamento, recuperação de perdas, e mecanismos de gestão de energia em comparação com as abordagens centradas no emissor. Mais importante ainda, no contexto das recentes tendências em que os hosts móveis estão cada vez mais a ser equipados com múltiplas interfaces que fornecem acesso a redes sem fios heterogéneas, mostramos que um protocolo receptor-cêntrico como o RCP pode permitir uma solução poderosa e abrangente na camada de transporte para tais hosts multi-homed. Avaliamos o RCP tanto para demonstrar a sua compatibilidade com TCP, como para destacar as suas vantagens únicas quando comparado com os protocolos de transporte centrados no remetente.

3.4.1 Transposição de Funcionalidades

O TCP é um protocolo da camada de transporte orientado para a ligação que proporciona uma entrega de dados fiável em sequência à aplicação. O seu funcionamento de protocolo consiste principalmente nas seguintes quatro funcionalidades: gestão da ligação, controlo de fluxo, controlo de congestionamento, e fiabilidade. A figura 3.8 mostra uma visão esquemática da interacção do receptor emissor em TCP, juntamente com várias variáveis de estado.

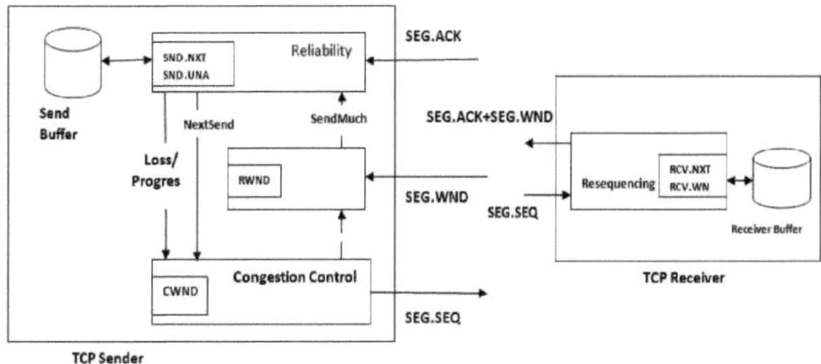

Figura 3.8: TCP sender centric

A gestão da ligação é exigida por qualquer protocolo orientado para a sincronização dos estados de ligação entre os pares comunicantes. Após a ligação ser estabelecida, o remetente em TCP controla o progresso da transferência de dados. O emissor drena dados do seu buffer com base na quantidade de dados que o receptor pode aceitar (controlo de fluxo), e na quantidade de dados que a rede pode suportar (controlo de congestionamento). O receptor executa a ressequenciação e reconhece os dados recebidos. A transferência de dados fiável é conseguida através da detecção de perdas e recuperação de perdas realizadas no remetente. É evidente que a gestão da ligação não pode ser implementada apenas num dos lados da ligação, mas necessita da participação tanto do emissor como do receptor. Para as outras funcionalidades, enquanto o TCP utiliza uma abordagem centrada no emissor, o RCP delega a responsabilidade no receptor, como mostra a Figura 3.9.

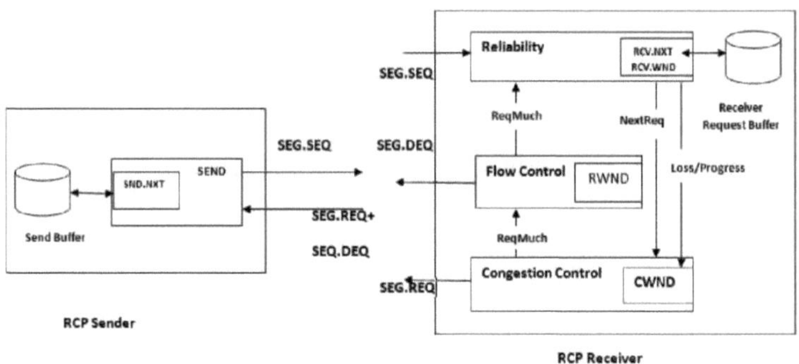

Figura 3.9: Receptor TCP cêntrico

Enquanto o receptor em TCP apenas envia de volta ACKs sem controlo sobre quais e em que sequência os dados são transmitidos pelo remetente, em RCP o receptor controla explicitamente estes factores e a entrega fiável dos dados. Além disso, o receptor em RCP também assume o controlo total sobre a largura de banda que a ligação pode consumir, utilizando o mesmo algoritmo baseado na janela utilizada pelo emissor do TCP. Finalmente, embora o controlo de fluxo em TCP envolva o remetente, é realizado unicamente pelo receptor em RCP. Portanto, o receptor em RCP determina a quantidade de dados que o remetente pode enviar (via controlo de congestionamento e controlo de fluxo), e que dados o remetente deve enviar (via fiabilidade).

3.4.2 Visão geral do RCP

No RCP, uma vez que o controlo da transferência de dados é transferido do remetente para o receptor, o estilo DATA-ACK de apertar a mão em TCP já não é aplicável. Em vez disso, para imitar as características de auto-bloqueio do TCP, o RCP utiliza o aperto de mão REQ-DATA para a transferência de dados, onde qualquer dado transferido do remetente é precedido de um pedido explícito (REQ) por parte do receptor. Da mesma forma, o RCP utiliza os dados recebidos para cronometrar o pedido de novos dados. O remetente mantém simplesmente o buffer de envio com um ponteiro (SND.NXT) indicando o número de sequência máximo enviado até ao momento. Depois de estabelecida a ligação, o receptor solicita dados ao remetente com base no tamanho da janela de congestionamento inicial. A progressão da sua janela de congestionamento segue as fases de início lento, de prevenção de congestionamento, de retransmissão rápida, e de recuperação rápida, tal como no TCP. A principal diferença na operação é que qualquer disparo para efectuar o controlo de congestionamento é inferido com base na chegada (ou não chegada) de segmentos de dados. Por exemplo, uma perda é inferida com base na chegada de três segmentos de dados fora de ordem, em vez de ACKs. Ao detectar a perda de um segmento, o RCP corta a sua janela de congestionamento, e retransmite o REQ correspondente, pedindo o segmento perdido. Finalmente, o receptor executa a ressequenciação dos dados, e fornece dados in-sequência à aplicação.

3.4.3 Aperto de mão REQ-DATA

No aperto de mão DATA-ACK, o TCP utiliza o reconhecimento cumulativo para alcançar a robustez das perdas. Para emular este comportamento e tolerar perdas no caminho inverso, o RCP permite que o receptor envie o pedido quer em modo cumulativo quer em modo de puxar, através da colocação apropriada da bandeira de puxar (PUL) no cabeçalho do pacote. O receptor por defeito utiliza o modo cumulativo para pedidos de novos dados, e utiliza o modo pull apenas para retransmissão de pedidos. Quando o remetente recebe um pedido com a bandeira pull definida, envia apenas o segmento de dados indicado no cabeçalho do pacote. Caso contrário, o remetente transmite cumulativamente dados do SND.NXT que ainda não tenham sido enviados. Assim, a perda de REQ no modo cumulativo tem um impacto semelhante ao da perda de ACK no TCP. Para proteger o REQ no modo pull contra perdas, o RCP também utiliza um mecanismo semelhante utilizado pelo TCP para proteger o SACK contra perdas. O receptor coloca os blocos de números de sequência mais recentes (utilizamos três blocos como proposto no SACK) que solicitou no cabeçalho do REQ. O remetente, além de manter o

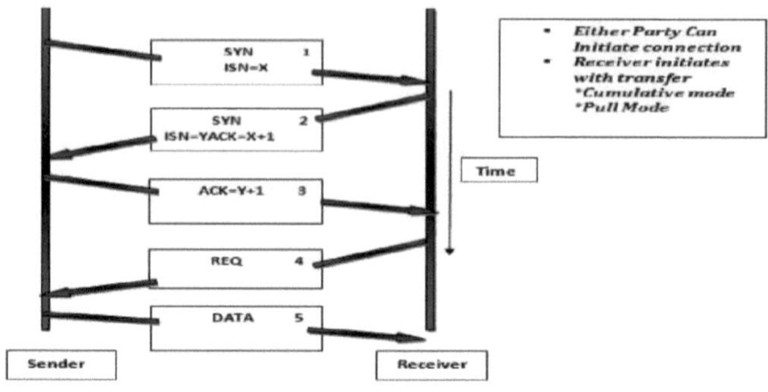

Figura 3.10: Transposição do TCP

enviar buffer, também mantém um buffer cíclico composto pelos blocos de números de sequência mais recentes (três blocos) que enviou. Ao receber o pedido do receptor, o remetente verifica a coerência entre os blocos em REQ e o seu buffer cíclico. Qualquer descoordenação é uma indicação de perdas em REQ, e será recuperada pelo remetente. Note-se que um pedido no modo pull para um segmento de dados específico será transportado em pelo menos quatro REQs.

3.4.4 Gestão de ligações

Tal como no TCP, tanto o emissor como o receptor do RCP podem iniciar a configuração da ligação. O processo de configuração consiste no mesmo aperto de mão SYN-SYN+ACK-ACK que no TCP. No entanto, uma vez estabelecida a ligação, em vez do emissor enviar o primeiro segmento de dados, o receptor RCP transmite o primeiro REQ com o número de sequência inicial. O remetente transmite então o primeiro segmento de dados ao receber o REQ. A ruptura da ligação no RCP segue-se também à do TCP.

3.4.5 Controlo de Congestionamento

No RCP, o receptor executa o controlo de congestionamento e mantém os parâmetros de controlo de congestionamento, incluindo a janela de congestionamento CWND e a informação de tempo de ida e volta. Como o RCP é um clone TCP, adopta o controlo de congestionamento baseado na janela usada no TCP. O arranque lento, a prevenção do congestionamento, as retransmissões rápidas e as fases de recuperação rápida são desencadeadas e abandonadas da mesma forma que no TCP. Enquanto o mesmo algoritmo de adaptação de janela (aumento aditivo, diminuição multiplicativa) pode ser implementado no remetente ou no receptor para efectuar o controlo de congestionamento, a semântica da janela de congestionamento e o gatilho para aumentar ou reduzir a janela são diferentes. Em TCP, o tamanho da janela de congestionamento limita a quantidade de DADOS não reconhecidos na rede, e o remetente utiliza o retorno de ACKs para desencadear a progressão da janela de congestionamento. No RCP, o tamanho da janela de congestionamento limita a quantidade de REQs pendentes na rede, e o receptor utiliza o retorno de DADOS para desencadear a progressão da janela de congestionamento.

3.4.6 Controlo de fluxo

O controlo de fluxo permite ao receptor limitar a quantidade de dados em trânsito ao espaço tampão disponível no receptor quando se aguarda que a aplicação leia (e purgue) dados em sequência, ou se aguarda a chegada de dados fora de ordem. No RCP, um pedido só é enviado se os dados correspondentes, uma vez recebidos, não causarem o transbordo do buffer no receptor. Isto pode ser conseguido criando um boneco (que não contenha quaisquer dados) no buffer de recepção para cada segmento de dados solicitado. Novos pedidos são emitidos desde que seja criado um novo espaço no buffer. Ao contrário do TCP no RCP, uma vez que o receptor mantém o buffer de recepção, e tem controlo total sobre a quantidade de dados que o remetente pode enviar, o controlo de fluxo é interno ao receptor. Curiosamente, o RCP também precisa de um campo de janela (SEG.DEQ) no cabeçalho do pacote para informar o remetente dos dados mais elevados recebidos até agora (que podem ser calculados no remetente usando SEG.REQ-SEG.DEQ), permitindo assim ao remetente purgar tais dados do seu buffer de envio. A opção de escala de janela utilizada no TCP também pode ser aplicada ao RCP da mesma forma.

3.4.7 Fiabilidade

Como mostra a Figura 3.9, no RCP as funcionalidades de ressequenciamento e fiabilidade são colocadas no receptor. Ao receber um segmento de dados do remetente, o receptor consulta os dados no respectivo dummy e actualiza o RCV.NXT após o processo de ressequenciação. Em TCP, uma vez que a fiabilidade é executada no remetente enquanto a ressequenciação é executada no receptor,

RCV.NXT é transmitido como o ACK cumulativo ao remetente para que este efectue a detecção de perdas. No entanto, RCV.NXT transmite informação limitada sobre o estado do tampão de recepção, e por isso as implementações antecipadas de TCP que dependem do ACK cumulativo para realizar a detecção de perdas, sofrem de recuperar no máximo uma perda por tempo de ida e volta, para além de incorrerem em interrupções de tempo frequentes . A opção SACK é proposta para resolver esta limitação, utilizando a qual o remetente TCP pretende construir o bitmap do buffer de recepção na estrutura de dados do "painel de pontuação". Contudo, no RCP, o receptor tem acesso directo ao buffer de recepção e, por conseguinte, pode efectuar atempadamente e com precisão a detecção e recuperação das perdas sem depender da utilização de SACK.

3.4.8 Apoio a Interfaces Heterogéneas

Transferência de fundos sem costura

Quando as áreas de cobertura das diferentes tecnologias de acesso se sobrepõem, é possível conseguir transferências sem descontinuidades na camada de ligação. No entanto, tais handoffs na camada de ligação não se traduzem necessariamente em handoffs sem costura na camada de transporte. Especificamente, quando os handoffs do host móvel de uma interface para outra com uma mudança de endereço IP tratada pelo IP móvel, o atraso prolongado para registo no agente doméstico pode potencialmente introduzir perdas de pacotes após a conclusão do handoff da camada de ligação. Para evitar que o TCP tenha reacções adversas devido a perdas de pacotes durante os handoffs, o anfitrião móvel precisa de informar o remetente sobre a decisão de handoff. Sempre que é necessária informação de feedback, um protocolo centrado no receptor tem vantagens sobre um centrado no remetente devido à localidade de informação necessária. No entanto, embora seja possível congelar o TCP durante a transferência de dados, tal situação causa perturbações na ligação e impede que os utilizadores desfrutem de uma transferência de dados sem descontinuidades. Uma solução para evitar a latência do handoff sem depender do apoio de infra-estruturas é a utilização de um protocolo de transporte com capacidade de mobilidade para alcançar a mobilidade de extremo a extremo do anfitrião. Quando o anfitrião móvel decide efectuar uma transferência vertical, pode criar um novo "fluxo de dados" para transferência de dados através do novo endereço, assim que a nova interface se torne activa. Com uma abordagem como o anfitrião móvel pode utilizar múltiplos tubos TCP (fluxos) em simultâneo, sem ter de passar por qualquer paragem de ligação, desde que a camada de ligação suporte handoffs contínuos. Um protocolo de transporte centrado no receptor tem assim vantagens sobre um protocolo centrado no emissor em tal cenário, uma vez que o receptor pode controlar com precisão quais e quantos dados enviar através de cada tubo, com base no estado

(digamos, força do sinal) de cada interface. Além disso, quando o receptor decide mudar para outro mecanismo de controlo de congestionamento específico da interface após a transferência, tal decisão não precisa de envolver o remetente, que de outra forma seria encarregado de, para além de apoiar uma pletora de mecanismos de controlo de congestionamento, a transição sem problemas de um mecanismo de controlo de congestionamento para outro para uma ligação em directo.

3.5 R^2 CP

R^2 CP significa RADIAL RECEPTION CONTROL PROTOCOL. Quando um host móvel passa de uma interface para outra durante uma ligação em directo, pode beneficiar das seguintes funcionalidades que o protocolo de transporte suporta:

1. transferências sem descontinuidades sem depender de apoio de infra-estruturas,
2. migração do servidor para alcançar a continuidade do serviço, e
3. agregação de largura de banda usando múltiplas interfaces activas.

1.1.1 Operação Centrada no Receptor

Para alcançar um desempenho óptimo, um anfitrião móvel pode necessitar de utilizar um controlo de congestionamento específico da rede (ou interface). Quando o anfitrião móvel está equipado com interfaces sem fios heterogéneas, um protocolo centrado no receptor permite-lhe utilizar livremente o mecanismo de controlo de congestionamento desejado, dependendo da interface que escolher, ou da rede de acesso para a qual migrar, sem envolver o servidor remoto. Além disso, durante períodos de mobilidade, o anfitrião móvel pode necessitar de passar de um servidor para outro (para continuidade de serviço), ou alterar o número de servidores a que se liga (para agregação de largura de banda). Assim, é vantajoso para o anfitrião móvel utilizar um protocolo receptor-cêntrico com uma concepção simples do remetente, permitindo ao anfitrião móvel ter controlo sobre a entrega fiável de dados do(s) remetente(s). Sendo um receptor um protocolo centrado no receptor que permite ao anfitrião móvel conduzir a operação do protocolo, tal como o controlo de congestionamento e fiabilidade, revela-se assim um protocolo ideal para o ambiente alvo.

1.1.2 Manutenção de Estados múltiplos

Os protocolos de transporte existentes sofrem de degradação do desempenho durante a transferência de dados através de redes heterogéneas devido à latência prolongada da transferência de dados. Embora tenha sido proposta a mobilidade de extremo a extremo do hospedeiro sem depender do apoio da infra-estrutura, não resolve totalmente este problema devido à concepção de um único estado em TCP que mantém apenas um

TCB por ligação. Quando as transferências da camada de ligação invalidam o estado mantido na camada de transporte (por exemplo, devido à alteração dos endereços IP), o protocolo da camada de transporte precisa de modificar o seu estado em conformidade para alcançar a mobilidade da camada de transporte. Embora execute inteligentemente a migração da ligação, introduz perdas de pacotes ao sobrescrever o estado antigo logo após a criação do novo. Uma solução ideal para alcançar a migração de estados, contudo, deve permitir que os dois estados coexistam na ligação durante o tempo que for necessário para a transferência dos estados (considerando pacotes em trânsito). Por conseguinte, para apoiar a mobilidade transparente do hospedeiro sem apoio de infra-estruturas, um protocolo de camada de transporte deveria ser capaz de lidar com múltiplos estados. Assim, construímo-lo como uma extensão de vários estados do RCP.

Cria e elimina dinamicamente os estados RCP de acordo com o número de interfaces activas em uso. Mantém efectivamente múltiplos estados no anfitrião móvel sem requerer apoio explícito do servidor remoto. Não é necessária qualquer alteração no remetente do RCP para suportar a operação multiestados no receptor. Assim, é diferente das abordagens relacionadas que requerem a alteração de ambas as extremidades para suportar a operação multiestado. Uma vez que é uma extensão apenas do receptor do RCP, permite ao anfitrião móvel estabelecer uma ligação multiponto-a-ponto para comunicar com múltiplos servidores, enquanto que no trabalho relacionado vários estados estão confinados a uma ligação unicast.

1.1.3 Visão geral

A figura 3.11 apresenta uma visão geral da arquitectura de R^2 CP e as suas estruturas de dados-chave. Uma ligação R^2 CP consiste de um receptor, e um ou vários remetentes. Diferentes remetentes de uma ligação R^2 CP podem ser localizados em um ou vários anfitriões. Enquanto uma ligação unicast R^2 CP é de facto equivalente a uma ligação RCP, uma ligação multiponto-a-ponto R^2 CP pode ser considerada como uma agregação de múltiplas ligações RCP cujas extremidades receptoras são coordenadas por um motor R^2 CP no receptor, utilizando as funções de interface mostradas no

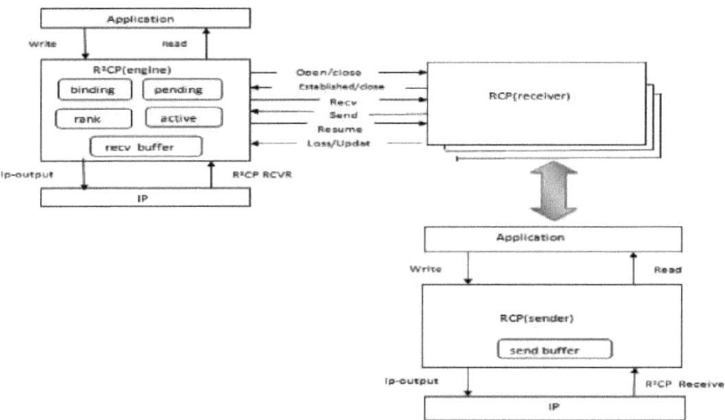

Figura 3.11: R^2 CP Arquitectura

figura. Referimo-nos às ligações virtuais que existem entre o receptor R^2 CP e os remetentes individuais como tubos RCP, e concentramo-nos no receptor para as seguintes discussões. Quando a aplicação no anfitrião móvel abre uma ligação R^2 CP, inicialmente é criado um tubo RCP entre a interface activa e o servidor remoto. Quando o host móvel passa de um interface para outro, é criado um novo tubo RCP entre o novo interface activo e o servidor, após o que o antigo tubo RCP é apagado. Contudo, se a agregação de largura de banda for possível (a antiga interface permanece activa após handoffs) e desejável (instruída pela aplicação através de uma opção de socket), a antiga tubagem não é apagada. Se a migração do servidor for necessária quando os handoffs do host móvel para a nova interface, o novo tubo RCP é criado entre a nova interface activa e o novo servidor. A aplicação pode utilizar uma opção de tomada para transmitir o endereço do novo servidor para R^2 CP. Sempre que vários tubos RCP coexistirem numa ligação R^2 CP, o motor R^2 CP executa a programação da transmissão utilizando as estruturas de dados, para minimizar chegadas fora de ordem devido a dados solicitados através de diferentes tubos RCP. Uma vez que múltiplos tubos RCP solicitam dados em colaboração para a mesma ligação, é possível que os dados solicitados através de tubos individuais não sejam contíguos, dependendo do horário de transmissão utilizado pelo motor R^2 CP. Assim, em R^2 CP o pedido é sempre transmitido no modo pull, de modo a que o remetente possa transmitir apenas os dados solicitados. No entanto, para facilitar a detecção e recuperação de perdas, no receptor cada tubo RCP mantém internamente um espaço de número de sequência local. Como o motor R^2 CP controla a E/S do pacote (de e para a camada IP), converte o número sequencial local utilizado por cada tubo RCP para o número sequencial global utilizado pela ligação agregada antes de enviar o pacote, e vice-versa.

1.1.4 Gestão de ligações

Quando R^2 CP cria um tubo RCP, usa a chamada aberta() para fazer com que o tubo RCP inicie o procedimento de configuração da ligação. O procedimento de configuração da ligação para cada tubo RCP é o mesmo que a gestão da ligação RCP. Quando o tubo RCP é estabelecido, utiliza a chamada() estabelecida para notificar R^2 CP. A ligação R^2 CP é estabelecida quando qualquer um dos tubos RCP retorna com a chamada() estabelecida. Por outro lado, quando R^2 CP apaga um tubo RCP, usa a chamada de fecho() para fazer o tubo RCP entrar no aperto de mão de fecho. Quando todos os tubos RCP retornam com a chamada de fecho(), a ligação R^2 CP é fechada.

1.1.5 Controlo de Congestionamento

O controlo de congestionamento numa ligação R^2 CP é efectuado por tubo, onde cada tubo RCP é responsável pelo controlo da quantidade de dados transferidos através do respectivo trajecto. R^2 CP decide o mecanismo de controlo de congestionamento a utilizar para cada interface sem fios, abrindo uma tubagem RCP apropriada. Assumimos a escolha do esquema de controlo de congestionamento a utilizar para cada interface como uma decisão externa, e é fornecido a R^2 CP através de uma configuração do sistema ou de uma opção de tomada.

1.1.6 Controlo de fluxo

Uma vez que R^2 CP tem controlo sobre o tampão de recepção, é responsável pelo controlo do fluxo da ligação agregada. R^2 CP congela um tubo RCP solicitante se verificar que o número de dados pendentes é igual ao espaço tampão disponível. Ele descongela os tubos em questão através da chamada() quando qualquer espaço é criado no buffer. O mecanismo de controlo de fluxo para tubos RCP individuais não entrará em funcionamento, uma vez que não lidam com os segmentos de dados reais. Note-se que R^2 CP é também responsável por informar adequadamente os remetentes sobre que dados devem ser purgados usando o campo SEG.DEQ no cabeçalho do RCP.

1.1.7 Fiabilidade

R^2 CP é o principal responsável pela transferência de dados fiáveis da ligação agregada. Atinge este objectivo ao manter a informação vinculativa para todos os segmentos de dados. Quando um segmento é ligado a um determinado tubo RCP, o tubo em questão assumirá a responsabilidade (uma vez que o RCP é um protocolo fiável). Contudo, notar que quando um tubo RCP detecta uma perda de segmento e reporta a R^2 CP usando a chamada de perda(), R^2 CP desvinculará o segmento de dados correspondente, e delegará a transferência fiável do segmento perdido para o próximo tubo disponível (de acordo com a classificação). Embora a tubagem original do RCP ainda se esforce por entregar o mesmo segmento (em termos do número de sequência do

RCP) através de retransmissões, será atribuído um segmento de dados diferente por R^2 CP

1.1.8 Transferência de fundos sem costura

Quando os anfitriões móveis se transferem entre redes sem fios heterogéneas, um desafio fundamental no apoio a transferências sem descontinuidades é o problema associado à mudança de endereço e ao atraso prolongado no registo. As abordagens convencionais para efectuar handoffs verticais sofrem de interrupções de ligação devido a este problema. A concepção multi-estado em R^2 CP permite-lhe abrir múltiplas ligações (tubos) associadas às interfaces sem fios que se tornam activas durante os handoffs. Ao manter a ligação antiga (enquanto a camada de ligação suportar) durante o atraso inicial de configuração da nova ligação, a aplicação pode continuar a transmitir e receber dados de uma ou de ambas as interfaces sem ser perturbada durante os handoffs. Quando os handoffs do host móvel de uma rede de acesso a outra, o host móvel é inicialmente ligado ao Server-I através da rede A e, por conseguinte, é criado um tubo RCP (RCP-1) na ligação R^2 CP. Depois de algum tempo, o anfitrião móvel decide transferir-se para a rede B, sendo assim criada uma segunda tubagem RCP (RCP-2) (utilizando o novo endereço de rede). No entanto, o RCP-1 não é fechado até mais algum tempo, e portanto durante este tempo dois tubos coexistem na ligação para fornecer dados para a aplicação de forma colaborativa. Mesmo que haja algum atraso na instalação ou rampa (por exemplo, devido ao arranque lento) da tubagem do RCP-2, a existência da tubagem do RCP-1 permite que a ligação agregada continue a progredir sem ser perturbada. Isto é muito diferente do trabalho relacionado que utiliza um único protocolo de transporte estatal para as transferências. Uma vez que o R^2 CP é um protocolo de transporte multi-estado, é capaz de manter eficazmente múltiplas tubagens (específicas da interface) numa ligação sem sofrer de problemas devido ao reordenamento de pacotes ou duplicados. A técnica de striping redundante também pode ser utilizada durante os handoffs para obter um melhor desempenho.

3.5.9 Migração de Servidores

Uma diferença chave entre R^2 CP e outros protocolos de transporte multiestados é a capacidade de apoiar transferências de pontos finais em R^2 CP. Em virtude da sua concepção centrada no receptor, o remetente não mantém qualquer estado duro (por exemplo, temporizadores de retransmissão) da ligação. Uma vez que o host móvel controla quais os dados a receber do remetente, os handoffs de um servidor para outro podem ser tão simples como deixar de pedir dados ao servidor antigo, e começar pelo novo servidor. A migração do servidor envolve a interacção entre a camada de transporte e os protocolos de camada superior. Nesta secção concentramo-nos na capacidade do R^2 CP de facilitar a migração do servidor dado o apoio suficiente das camadas superiores, e assim motivar a sua utilização como um bloco de construção valioso e eficaz para estruturas de apoio à mobilidade de ponta a ponta.

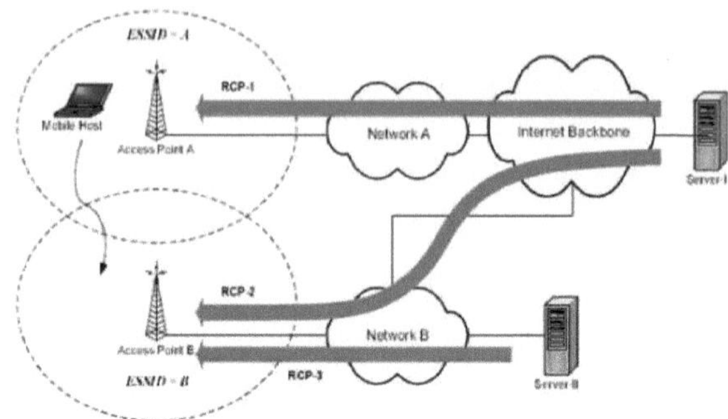

Figura 3.12: R^2 CP Testbed Scenerio

Como mostra a Figura 3.12, quando o anfitrião móvel passa para a rede B, tem acesso a um servidor replicado (Server-II). O caminho de ponta a ponta do anfitrião móvel (utilizando a interface B) para Server-II tem um tempo de ida e volta mais curto e uma maior largura de banda, e por isso o anfitrião móvel decide efectuar a migração do servidor de Server-I para Server-II. Inicialmente, a ligação R^2 CP cria um tubo RCP (RCP-1) utilizando o endereço de rede A e o endereço do Servidor-I. Quando o anfitrião móvel muda para a rede B, R^2 CP cria uma nova conduta RCP (RCP-3) utilizando o endereço de rede B e o endereço do Servidor-II. No primeiro anfitrião móvel não efectua a migração do servidor, e portanto o segundo tubo RCP criado (RCP-2) está entre o endereço de rede B e o endereço do Servidor-I. Após o novo tubo RCP ser estabelecido, o anfitrião móvel solicita dados que não foram entregues pelo Servidor-I, em vez de solicitar a partir do primeiro byte dos dados. As abordagens utilizadas para conseguir transferências sem problemas discutidas anteriormente podem também ser utilizadas para conseguir uma migração sem problemas do servidor. Com base no conteúdo do seu buffer de recepção, R^2 CP pode solicitar dados não contíguos ao Servidor-II. Assim, a migração do servidor utilizando R^2 CP não causa transmissões redundantes em comparação com a que utiliza apenas TCP (o remetente TCP entrega apenas em sequência o fluxo de dados). Enquanto que o suporte para a extracção selectiva de dados é fornecido por algumas aplicações (por exemplo, Pedidos de Gama HTTP 1.1), pode ser alcançado em R^2 CP sem suporte da aplicação do lado do servidor.

1.1.10 Agregação de largura de banda

Quando um handoff de anfitrião móvel entre redes sem fios heterogéneas, é possível que a antiga ligação permaneça activa após o handoff estar completo. Nesse caso, seria vantajoso para o anfitrião móvel alcançar larguras de banda agregadas utilizando simultaneamente ambas as interfaces. Uma vez que o R^2 CP permite a coexistência de múltiplos tubos RCP numa só ligação, e executa um horário de transmissão eficaz para a passagem de faixas através de múltiplos tubos, um anfitrião móvel utilizando o R^2 CP pode facilmente alcançar a agregação de largura de banda, se desejado. Enquanto a agregação de largura de banda pode ser alcançada entre o hospedeiro móvel e um servidor (ponto-a-ponto), consideramos um cenário em que os dois tubos se ligam a servidores diferentes (multiponto-a-ponto). O servidor móvel abre a tubagem RCP-1/RCP-2 entre o endereço de rede A/B e o endereço do Servidor-I/Servidor-II, respectivamente. Contudo, em vez de fechar a tubagem do RCP-1 depois de estabelecido o RCP- 2, o anfitrião móvel mantém ambas as tubagens abertas durante o período em que está dentro da cobertura de ambas as WLANs. R^2 CP pode alcançar a largura de banda agregada das duas condutas. Utilizamos agora a simulação para avaliar o desempenho do R^2 CP na obtenção de uma agregação eficaz da largura de banda sob várias condições de rede. Utilizamos uma topologia de rede semelhante à topologia. O hospedeiro móvel abre duas condutas para agregar a largura de banda de diferentes servidores. Variamos as características dos dois caminhos, em termos de largura de banda da ligação de estrangulamento, e o tempo de ida e volta de todo o caminho, para introduzir desajustes de largura de banda e desajustes de atraso. Introduzimos também flutuações de largura de banda, utilizando fontes de tráfego ligado/desligado. Comparamos o desempenho de R^2 CP com as seguintes abordagens:

1. Ideal: o desempenho ideal de agregação de largura de banda, onde a largura de banda agregada é igual à soma das larguras de banda ao longo das duas condutas;

2. APPS: uma abordagem de aplicação por faixas, em que as faixas de aplicação através de múltiplas ligações RCP sem utilizar R^2 CP;

3. R^2 CP-s: uma versão simplificada de R^2 CP, onde o pedido de dados é atribuído a tubos individuais por ordem de chegada, sem considerar os tempos de ida e volta.

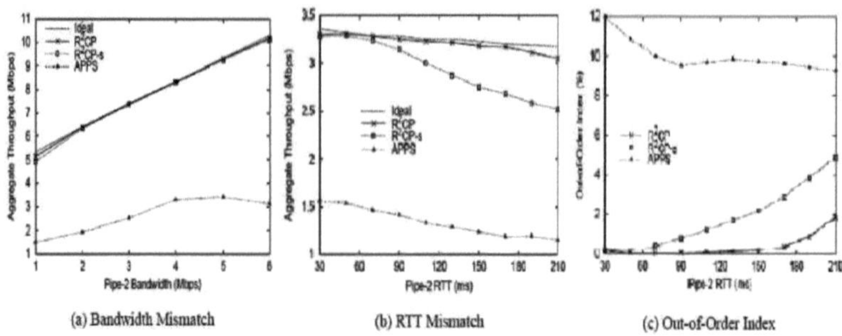

Figura 3.13: R^2 CP Performance

Devido à falta de espaço, apresentamos apenas um subconjunto dos resultados do desempenho na Figura 3.13. Na Figura 3.13(a), variamos a largura de banda dos dois tubos de tal forma que a largura de banda do primeiro tubo é fixa a 4Mbps, enquanto que a do segundo tubo varia de 1Mbps a 6Mbps. Observamos que tanto R^2 CP como R^2 CP-s atingem o desempenho ideal, independentemente dos desajustes de largura de banda. A abordagem de striping da aplicação não consegue alcançar o desempenho desejado pela mesma razão explicada em. Na Figura 3.13(b), variamos o tempo de ida e volta dos dois tubos de tal forma que o RTT do primeiro tubo é fixado em 30ms, enquanto que o do segundo tubo varia de 30ms a 210ms. Verificamos que enquanto o desempenho de R^2 CP ainda segue de perto o desempenho ideal, R^2 CP. R^2 CP-s não consegue escalar quando o desajuste do RTT aumenta para além de 3. A degradação do desempenho de R^2 CP-s deve-se à programação utilizada que não tem em consideração os tempos de ida e volta das diferentes tubagens. Enquanto um estilo FCFS de política de desníveis funciona bem quando os tempos de ida e volta de diferentes trajectórias são comparáveis, à medida que os desníveis de RTT aumentam, sofre de frequentes chegadas fora de ordem. Devido ao espaço limitado no R^2 CP receber tampão, o bloqueio de cabeça de linha acaba por desencadear o controlo do fluxo do R^2 CP e provoca a progressão da ligação agregada para a paragem. Mostramos na Figura 3.13(c) a percentagem de pacotes que encontram o tampão 75% cheio nas chegadas, para três abordagens de striping diferentes. A razão para o não desempenho da abordagem de striping da aplicação é clara na figura. Enquanto R^2 CP-s consegue manter um pequeno tamanho de fila quando os desajustes de RTT são pequenos, a fila aumenta visivelmente à medida que os desajustes de RTT aumentam. R^2 CP, por outro lado, consegue um melhor desempenho mesmo com grandes desajustes de RTT.

3.6 FREEZE TCP

Com um crescimento explosivo dos serviços sem fios e dos seus subscritores, bem como dos dispositivos informáticos portáteis e acessíveis; é natural que o apoio à mobilidade dos utilizadores na Internet seja uma questão quente e excitante que tem atraído grandes esforços. o protocolo IP móvel básico está mais ou menos padronizado, os investigadores começam a concentrar-se nos mecanismos de melhoria do desempenho em todas as camadas da pilha de redes, a fim de proporcionar um elevado desempenho ao nível do utilizador final.

O TCP é um componente vital da camada de Transporte do conjunto de protocolos da Internet. Destina-se a fornecer um serviço fiável orientado para a ligação através de uma rede subjacente não fiável. Por isso, não é surpreendente que o TCP tenha recebido muita atenção e um número bastante elevado de investigadores tenha tentado optimizar e melhorar o TCP para diferentes ambientes caracterizados por sub-redes heterogéneas com larguras de banda e latências muito diferentes (por exemplo TCP sobre ligações sem fios, ligações por satélite, ligações em série lentas, etc.).

A seguir, delineamos em primeiro lugar os problemas com TCP em ambientes móveis. Em seguida, resumimos as soluções propostas, indicando os seus pontos fortes e fracos, e o estado actual das melhorias/modificações de TCP e a nossa solução será Congelar TCP.

3.6.1 Gestão de janelas TCP e ambiente móvel

O TCP utiliza um mecanismo de janela deslizante para realizar uma entrega fiável, por encomenda e controlo de fluxo/congestionamento. A figura 3.14 mostra isto graficamente, com a janela a deslizar para a direita. O tamanho da janela (W) é determinado como o mínimo de espaço tampão anunciado do receptor, e a percepção de congestionamento da rede. O remetente permite até W pacotes pendentes ou não reconhecidos de cada vez. Isto resulta num tamanho de "janela utilizável" igual a W menos o número de pacotes pendentes.

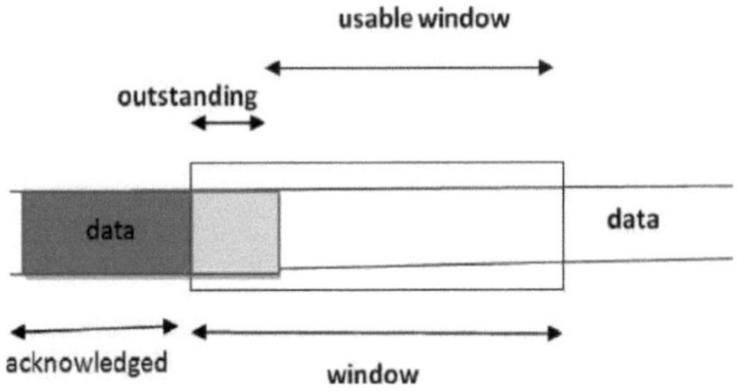

Figura 3.14: Gestão de janelas TCP

Em condições normais, a borda direita da janela permanece fixa (quando os pacotes na janela actual permanecem sem ser reconhecidos), ou avança para a direita juntamente com a borda esquerda da janela, à medida que os pacotes são reconhecidos. Se o processo de consumo na extremidade do receptor for mais lento do que o do remetente, os amortecedores do receptor começarão a encher, fazendo com que a publicidade seja progressivamente mais pequena e com janelas de tamanho menor. Eventualmente, o receptor poderá ficar sem espaço de buffer, caso em que anunciará um tamanho de janela de zero.

Ao ver uma janela de tamanho zero anunciada, o remetente deve congelar todos os temporizadores de retransmissão e entrar num modo persistente. Isto envolve o envio de sondas (chamadas Sondas de Janela Zero ou ZWPs) até que a janela do receptor se abra. Num sentido estrito, cada ZWP deve conter exactamente um byte de dados mas muitas implementações TCP, incluindo as do Linux e FreeBSD, não incluem quaisquer dados nos seus ZWPs. O intervalo entre sondas sucessivas cresce exponencialmente (back-off exponencial) até atingir 1 minuto, onde permanece constante. Uma vez que estas sondas não são entregues de forma fiável, o remetente não deixa cair a sua janela de congestionamento se a própria Sonda Janela Zero se perder. Eventualmente o receptor responde a um ZWP com um tamanho de janela diferente de zero, e o remetente continuará a transmissão usando um tamanho de janela consistente com o valor anunciado.

Uma excepção a esta operação normal de gestão de janelas ocorre se o receptor "encolhe" a sua janela anunciada, ou seja, move a margem direita para a esquerda. Isto pode de repente criar uma janela de tamanho negativo utilizável que pode confundir o remetente. Embora este comportamento seja desencorajado, o remetente deve recuperar se ocorrer. O remetente é autorizado a retransmitir quaisquer pacotes pendentes (até W), mas não deve enviar novos dados. Além disso, quaisquer pacotes perdidos dentro da janela antiga (e agora à direita da nova janela porque a extremidade direita se moveu para a esquerda) não devem causar a queda da janela de congestionamento. Isto significa que se o receptor encolher a sua janela a zero, todos os pacotes pendentes podem ser perdidos sem afectar a janela de congestionamento do remetente e o remetente deve entrar no modo de persistência descrito acima.

3.6.2 Problemas com TCP em ambientes móveis

O TCP foi concebido para topologias fixas e com fios, que são bastante fiáveis. Por conseguinte, funciona no pressuposto de que quaisquer perdas são devidas a congestionamentos, o que é razoável para uma infra-estrutura fiável. Em ambientes móveis, no entanto, as perdas são mais frequentemente causadas por

1. As taxas de erro de bit intrinsecamente mais elevadas das ligações sem fios, e

2. Desconexões temporárias (devido ao desvanecimento do sinal ou outros erros de ligação; ou porque um nó móvel se move, etc.).

Para melhor ilustrar o segundo item acima, é de notar que a mobilidade é distinta da conectividade sem fios. Por exemplo, um utilizador que trabalha no escritório num bloco de notas quer deslocar-se (com o bloco de notas) para um laboratório ou uma sala de reuniões na outra extremidade de um edifício ou no edifício seguinte, onde os endereços IP podem estar em diferentes sub-redes; possivelmente através de uma ou mais firewalls. FTP, sessões Telnet e outras ligações podem certamente manter-se vivas durante alguns minutos, podendo levar alguns minutos a passar de uma extremidade de um edifício para outra. A ideia por detrás da mobilidade é que tais ligações abertas devem ser recuperadas sem problemas, apesar da mudança e de uma mudança do endereço IP subjacente.

Mesmo que um único pacote seja abandonado por qualquer razão, a actual implementação padrão do TCP assume que a perda foi devida ao congestionamento e estrangula a transmissão, baixando a janela de congestionamento para o tamanho mínimo. Isto, associado ao mecanismo de arranque lento do TCP significa que o remetente retém desnecessariamente, aumentando lentamente a taxa de transmissão, ainda que o receptor recupere frequentemente rapidamente da desconexão temporária e curta. Isto é ilustrado na Figura 3.15. onde se vê que a capacidade da rede pode permanecer inutilizada durante algum tempo, mesmo após uma reconexão.

Figura 3.15: Início lento do TCP

3.6.3 Soluções existentes

Foram propostas várias abordagens para superar estas deficiências do TCP padrão. O módulo Berkeley Snoop reside num hospedeiro intermédio (de preferência a estação base), próximo do utilizador móvel. Ele esconde os pacotes do remetente e inspecciona os seus cabeçalhos TCP. Usando a informação bisbilhotada, se o módulo determinar que um pacote foi perdido, retransmite uma cópia tamponada para o nó móvel. Mantém os seus próprios temporizadores para retransmissão de pacotes protegidos, implementa retransmissões selectivas, etc.

O TCP indirecto (I-TCP) propõe a divisão da ligação entre um host emissor fixo (FS) e um host móvel (MH) numa estação de apoio à mobilidade. Os dados enviados para MH são recebidos, armazenados em buffer e ACKed pela BS. É então da responsabilidade da BS entregar os dados à MH. Na ligação entre BS e MH, não é necessário utilizar TCP. Pode-se utilizar qualquer outro protocolo optimizado para ligações sem fios. O MTCP proposto é semelhante ao I-TCP e também divide uma ligação TCP em duas: uma de MH para BS e a outra de BS para FH. A ligação MH a BS passa por um protocolo de camada de sessão que pode empregar um protocolo de repetição selectiva (SRP) sobre a ligação sem fios. Num método é proposto atrasar a duplicação de ACKs para um pacote em falta (o que poderia desencadear uma retransmissão rápida do remetente), a fim de permitir que qualquer retransmissão local especial nas ligações sem fios funcione, antes de forçar o remetente a retransmitir rapidamente o(s) pacote(s) em falta e existe mais outro método.

3.6.4 Pontos fortes e inconvenientes das soluções existentes

Em seguida, consideramos factores importantes (não necessariamente por ordem de importância) que devem ser considerados na avaliação de qualquer esquema de melhoramento da TCP.

1. Uma das principais considerações é a inter-operação com as infra-estruturas existentes. Para realizar este objectivo, idealmente, não deverá haver qualquer alteração necessária nos routers intermédios ou no remetente, porque estes provavelmente pertencem a outras organizações, tornando-os indisponíveis para modificações. Todas as abordagens que dividem a ligação em duas partes requerem modificações substanciais e processamento num nó intermédio (BS).
2. A segunda questão importante é o tráfego encriptado. Como a segurança da rede é levada cada vez mais a sério, é provável que a encriptação seja adoptada de forma muito ampla. Por exemplo, o IPSEC está a tornar-se parte integrante do IPv6, o protocolo IP da próxima geração. Nesses casos, toda a carga útil IP é encriptada, de modo que os nós intermediários (seja a estação base ou outro router) podem nem sequer saber que o tráfego transportado na carga útil é TCP. Qualquer abordagem (tal como SNOOP, I-TCP, MTCP, M-TCP) que dependa da estação base fazer muita mediação falhará quando o tráfego for encriptado.
3. Ainda mais grave, por vezes os dados e ACKs podem tomar caminhos diferentes (por exemplo, em redes de satélite). Os esquemas baseados no envolvimento "intermediário" terão sérios problemas em

tal caso.

4. Ainda outra consideração é manter uma verdadeira semântica de ponta a ponta. O I-TCP e o MTCP não mantêm a verdadeira semântica de ponta a ponta.

5. Mesmo que se assuma que as questões (1)-(4) acima não são relevantes, e que um intermediário (tal como uma estação base) pode ser trazido para melhorias de desempenho; ainda há necessidade de considerar se o intermediário se tornará o gargalo da garrafa. É evidente que as estações-base (BS) no SNOOP, I-TCP, MTCP, M-TCP terão todas de armazenar pelo menos alguma quantidade de dados e fazer algum processamento extra para cada ligação que as atravesse. Se centenas ou milhares de nós forem móveis no domínio de uma estação de base, esta poderá ficar sobrecarregada com o processamento do tráfego associado a cada ligação. Quando um nó móvel se move do domínio de um BS para outro, todo o "estado" da ligação (incluindo quaisquer dados que foram armazenados em buffer para retransmissões) precisa de ser entregue à nova estação de base. Isto pode causar uma quantidade significativa de despesas gerais e pode levar à perda de alguns pacotes e à queda da janela de congestionamento do remetente, o que derrotaria o propósito original por detrás de todo o empreendimento.

3.6.5 Ideia principal

A ideia principal por detrás do Freeze-TCP é mover o ónus da sinalização de uma desconexão iminente para o cliente. Um nó móvel pode certamente monitorizar a força do sinal nas antenas sem fios e detectar uma desconexão iminente; e em certos casos, pode mesmo ser capaz de prever uma desconexão temporária (se, por exemplo, a força do sinal estiver a desaparecer). Nesse caso, pode anunciar uma janela de tamanho zero, para forçar o emissor a entrar no modo ZWP e evitar que este deixe cair a sua janela de congestionamento. Como mencionado anteriormente, mesmo que se perca uma das sondas de janela zero, o remetente não deixa cair a janela de congestionamento. Para implementar este esquema, apenas o código TCP do cliente precisa de ser alterado e não há necessidade de um intermediário (não são necessárias alterações de código na estação base ou no remetente).

Se o receptor puder sentir uma desconexão iminente, deve tentar enviar alguns (pelo menos um) agradecimentos, em que o seu tamanho de janela é anunciado como zero (deixar um ACK com um tamanho de janela de receptor zero ser abreviado "ZWA", ou seja, Anúncio de Janela Zero). A questão é: com que antecedência da desconexão deve o receptor começar a anunciar um tamanho de janela de zero? Este período é de certa forma o "período de aviso" antes da desconexão. Idealmente, o período de aviso deveria ser suficientemente longo para garantir que exactamente um ZWA chega até ao remetente. Se o período de aviso for mais longo, o remetente será forçado a entrar no modo de Sonda de Janela Zero prematuramente, levando assim a um tempo de inactividade antes da desconexão.

Se o período de aviso for demasiado pequeno, pode não haver tempo suficiente para o receptor enviar um ZWA que fará com que a janela de congestionamento do emissor caia devido a pacotes perdidos durante a desconexão (o que, por sua vez, leva a algum tempo ocioso/ subutilização após a reconexão).

Tendo isto em conta, um período de aviso razoável é o tempo de ida e volta (RTT). Durante os períodos de transferência contínua de dados, isto permite ao remetente transmitir um pacote e depois receber o seu reconhecimento. Dados experimentais corroboram isto: períodos de aviso mais longos ou mais curtos do que o RTT levaram a um pior desempenho médio na maioria dos casos que testamos. Note-se que o Freeze-TCP só é útil se ocorrer uma desconexão enquanto os dados estão a ser transferidos (como op-posedido quando o receptor está inactivo durante algum tempo e depois é desconectado), o que é o caso mais interessante de qualquer forma.

Uma vez que os ZWPs estão exponencialmente afastados, existe a possibilidade de um tempo de inactividade substancial após uma reconexão. Isto pode acontecer, por exemplo, se o período de desconexão for longo e a reconexão acontecer imediatamente após a perda de um ZWP do remetente. Nesse caso, o remetente entrará num longo período de recuo antes de enviar a sonda seguinte. Entretanto, o receptor já se reconectou, mas a ligação permanece inactiva até que o remetente transmita a sua próxima sonda. Para evitar este tempo ocioso, implementamos também o esquema. Assim que uma ligação é restabelecida, o receptor envia 3 cópias do ACK para o último segmento de dados que recebeu antes da desconexão. Este esquema é doravante abreviado como "TR-ACKs" (Triplicate Reconnection ACKs). Note-se que mesmo em TCP padrão, as retransmissões de pacotes são exponencialmente recuadas. Por conseguinte, o tempo de inactividade pós-reconexão também pode aí ocorrer. Para uma comparação justa, o TCP padrão do lado receptor foi também modificado para enviar opcionalmente TR-ACKs. Desta forma, apenas o efeito do mecanismo Freeze-TCP (ou seja, forçar o remetente para o modo ZWP antes de uma desconexão) pode ser isolado. Ao contrário do M-TCP, não há vantagem em reter o ACK até ao último byte. Para o M-TCP foi útil porque, mesmo quando o cliente móvel foi desligado, a estação base ainda podia sinalizar o remetente em nome do cliente. No caso do Freeze-TCP, uma vez que as alterações estão restritas à extremidade do cliente, retardar o ACK para o último byte não ajuda. Note-se que o Freeze-TCP evitará qualquer penalização de repacketização no extremo emissor (que a M-TCP poderá incorrer porque retém o ACK para o último byte). As figuras 3.16 e 3.17 ajudam a estimar o ganho de desempenho possível devido à técnica de Freeze-TCP.

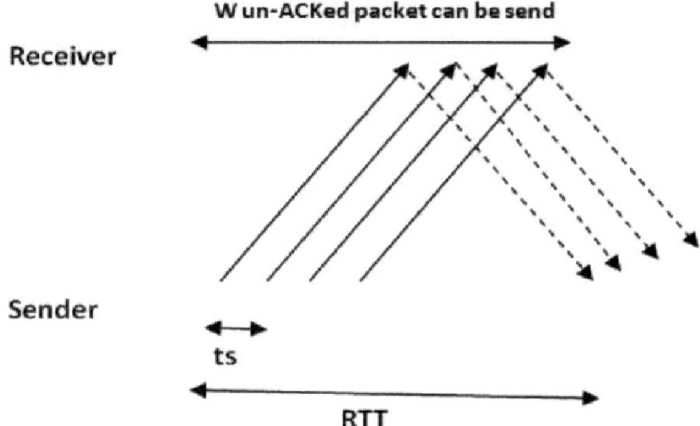

Figura 3.16: Relação entre ts,RTT,W

Na Figura 3.16, ts é o tempo necessário para "colocar ou escrever o pacote no fio", RTT é o atraso total da viagem de ida e volta, incluindo os atrasos ts no envio, recepção assim como quaisquer nós intermediários; e W é a janela dos remetentes. A partir da figura, verifica-se que se se pretende evitar qualquer período de inactividade:

$$W.ts \geq RTT \ldots\ldots\ldots\ldots (1)$$

Desde; ts = tamanho do pacote/largura de banda;

(ignorando os atrasos de processamento/fila internos ao anfitrião, colisões em caso de meio partilhado, etc.) verifica-se que o produto [delay bandwidth] é importante para determinar o tamanho da janela de congestionamentoW se se pretende evitar a subutilização da capacidade da rede.

Assumindo; RTT /ts " 1; W " 1 ....(2)

é necessário para (2) utilização total da capacidade da rede. A Figura 3.17 ilustra pictoriamente o aumento da produção sob esta condição, quando o Freeze-TCP evita que a janela lateral do emissor, W, caia e volte a crescer (devido a perdas de pacotes). A partir da figura pode-se ver que o número (aproximado) de pacotes adicionais transferidos pelo esquema Freeze-TCP é dado por

Segmentos extra = W2/8+WlgW-5W/4+1 ....(3)

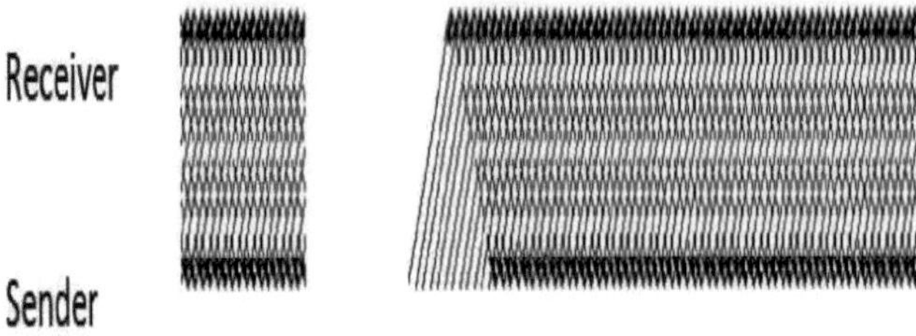

Figura 3.17: Congelar TCP

Para além de (2), a expressão acima (3) também assume que, após uma desconexão (e a perda de pacotes), o TCP regular baixa a janela de congestionamento para 1, e primeiro aumenta-a por um factor de 2 cada vez que um ACK é recebido, até atingir W=2. A partir daí, é aumentado em 1 de cada vez que um ACK é recebido, até atingir o mesmo tamanho W antes da desconexão. Este mecanismo de crescimento da janela de congestionamento é apelidado de "evitação de congestionamento de arranque lento". É de notar que (3) é uma expressão aproximada, ignorando colisões, e outros factores que possam afectar o tráfego.

3.6.6 Palavras finais

Freeze-TCP é um esquema de migração de ligação que permite ao MH 'congelar' ou parar uma ligação TCP existente durante a transferência, anunciando um tamanho de janela zero para o CN, e descongela a ligação após a transferência. Este esquema reduz as perdas de pacotes durante a entrega ao custo de um atraso maior. Embora proporcione transparência aos pedidos, é um verdadeiro esquema de sinalização de ponta a ponta e não exige que quaisquer intermediários (tais como estações de base) participem no controlo do fluxo. O Freeze-TCP trata apenas da migração das ligações, mas não considera a transferência ou a gestão da localização. Pode ser utilizado com alguns outros esquemas como o Migrate para implementar um esquema completo de gestão da mobilidade.

3.7 MIGRADA TCP

Os serviços de Internet de hoje em dia são normalmente construídos sobre TCP, o protocolo padrão de transporte fiável orientado para a ligação à Internet. O esquema de nomenclatura do TCP, baseado nos endereços da camada de rede (IP), cria uma ligação implícita entre um serviço e o endereço IP de um servidor que o fornece, durante toda a vida útil de uma ligação do cliente. Isto torna um cliente TCP propenso a todas as condições adversas que possam afectar o endpoint do servidor ou o trabalho na Internet no meio, após o estabelecimento da ligação: congestionamento ou falha na rede, sobrecarga do servidor, falha ou sob ataque DOS. Estudos que quantificam os efeitos da estabilidade da rede e da disponibilidade de rotas demonstram que as falhas de conectividade podem ter um impacto significativo nos serviços da Internet. Como resultado, embora possam ser implantados servidores altamente disponíveis, a manutenção de um serviço contínuo continua a ser um problema. A continuidade do serviço pode ser definida como a prestação ininterrupta de um serviço, do ponto de vista dos utilizadores finais. A capacidade dos TCPs para o suportar é limitada pelo seu esquema de recuperação de erros baseado na retransmissão para o mesmo ponto final do servidor da ligação (ligado a um endereço IP específico). Na prática, o utilizador final pode estar mais interessado em receber um serviço contínuo do que em ser vinculado estaticamente a um determinado servidor. Como a identidade do servidor se torna menos importante do que o serviço, é desejável que um cliente mude de servidor durante uma sessão de serviço, por exemplo, se um servidor não puder sustentar o serviço. Propomos o modelo de serviço cooperativo, no qual um conjunto de servidores semelhantes, possivelmente distribuídos geograficamente pela Internet, cooperam na sustentação de um serviço através da migração de ligações do cliente dentro do conjunto. O tráfego de controlo entre servidores, necessário para suportar conexões migradas, pode ser transportado através da Internet ou através de uma rede privada. Do ponto de vista dos clientes, em qualquer ponto durante a duração da sua sessão de serviço, o ponto final remoto da sua ligação pode migrar de forma transparente entre servidores.

3.7.1 TCP Migratório

Para permitir o modelo de serviço cooperativo de continuidade de serviço, concebemos o Migratory TCP (M-TCP), um protocolo fiável da camada de transporte orientado para a ligação que suporta a migração eficiente de ligações em directo. O protocolo permite aos servidores de estado retomar sem problemas o serviço nas ligações migradas, transferindo uma quantidade controlada de estado específico da aplicação. Embora já tenham sido propostas anteriormente soluções de migração de conexões de granulação fina através da exploração de características de protocolos a nível de aplicação como HTTP, o M-TCP é, tanto quanto sabemos, a primeira solução que fornece suporte genérico de migração através de um protocolo de transporte compatível com TCP. A concepção do M-TCP assume que o estado da aplicação do servidor pode ser logicamente dividido entre conexões, definindo o estado de granulação fina associado a cada conexão. A interface do serviço M-TCP pode ser melhor descrita como um contrato entre a aplicação do servidor e o protocolo de transporte. De acordo com este contrato, a aplicação deve executar as seguintes acções:

1. Exportar um instantâneo do estado no servidor antigo, quando este for consistente com os dados enviados/recebidos na ligação;

2. Importar o último instantâneo do estado no novo servidor após a migração, para retomar o serviço ao cliente. Em troca, o protocolo: transfere o estado por ligação para o novo servidor e sincroniza o estado da aplicação por ligação com o estado do protocolo.

O mecanismo de migração da M-TCP (Figura 3.18) assegura que o novo servidor retome o serviço, preservando a semântica exacta de entrega em toda a migração, sem congelar ou perturbar de outra forma o tráfego na ligação. A aplicação do cliente não precisa de ser alterada. Um cliente contacta o serviço através de uma ligação Cid a um servidor preferido S1. Na configuração da ligação, S1 fornece os endereços dos seus servidores cooperantes, juntamente com os certificados de migração. O cliente M-TCP inicia a migração de Cid através da abertura de uma nova ligação a um servidor alternativo S2, enviando o certificado de migração numa opção especial. Para reencarnar o Cid em S2, a M-TCP transfere o estado associado (estado do protocolo e o último instantâneo) de S1.

Dependendo da implementação, a transferência estatal pode ser

1. Preguiçoso (a pedido), ou seja, ocorre no momento em que a migração é iniciada.
2. Ansioso, ou seja, ocorre em antecipação da migração, por exemplo, quando é tirada uma nova fotografia. A figura 3.18 mostra a versão de transferência preguiçosa: S2 envia um pedido (b) para S1 e recebe o estado (c). Se o ponto final da migração for reposto com sucesso em S2, então C e S2 completam o aperto de mão, o que termina a migração (d). Ao aceitar a ligação migrada, a aplicação do servidor em S2 importa o instantâneo do estado. Retoma então o serviço usando o instantâneo como ponto de reinício, e executa a repetição da execução para uma recuperação baseada em registo suportada pelo protocolo. A repetição da execução restaura o estado de

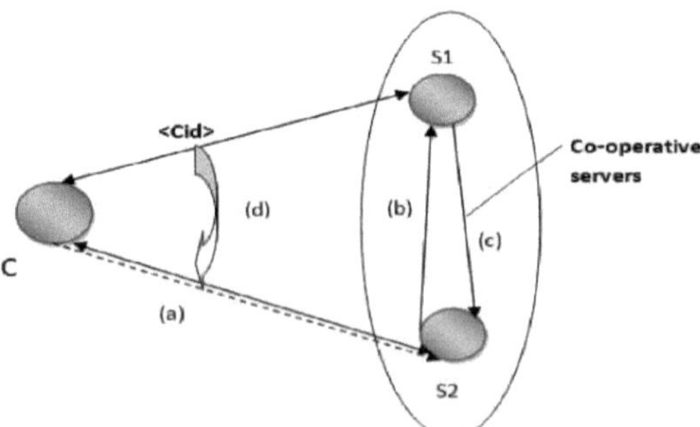

Figura 3.18: Mecanismo de migração em M-TCP

o serviço no novo servidor e sincroniza-o com o estado do protocolo. Para apoiar a repetição, M-TCP regista e transfere a partir dos dados S1 recebidos e reconhecidos desde o último instantâneo. Também transfere dados não reconhecidos enviados antes do último instantâneo, para retransmissão a partir de S2.

3.7.2 Aplicações

Implementámos o M-TCP no FreeBSD como extensão da pilha TCP/IP, compatível e interoperável com o TCP padrão. O M-TCP é desacoplado e pode funcionar com várias políticas de migração. Identificamos duas classes de serviços que podem beneficiar do M- TCP:

1. Aplicações que utilizam ligações de longa duração, por exemplo, serviços de streaming multimédia, aplicações no núcleo da Internet, etc.;

2. Aplicações críticas das quais os utilizadores finais esperam tanto a correcção como um bom tempo de resposta, por exemplo, banca pela Internet, comércio electrónico, etc.

Para demonstrar o potencial da M-TCP na prestação de continuidade de serviços, implementámos e avaliámos duas aplicações. A primeira é um servidor de streaming de meios sintéticos (genéricos), para o qual utilizamos o M-TCP em conjunto com uma política de migração baseada na taxa de dados de entrada estimada. A migração é desencadeada quando a produção percebida do lado do cliente cai abaixo de uma fracção do máximo observado. Mostramos que, para o mesmo perfil de degradação de desempenho num servidor, o M-TCP pode manter uma taxa de transmissão eficaz próxima do perfil médio do servidor, migrando a ligação entre servidores. A segunda aplicação é o acesso remoto através da Internet a um servidor de base de dados transaccional. Aumentámos um back-end de base de dados PostgreSQL com suporte para contextos front-end migratórios e utilizámos o M-TCP entre clientes e anfitriões front-end. O sistema resultante permite a um cliente iniciar uma sequência de transacções com um front-end, depois migrar e continuar a execução em outros front-ends, se necessário. O sistema assegura que a semântica ACID é preservada e que a execução é determinista através da migração.

CAPÍTULO 4

ESTUDOS COMPARATIVOS

4.1 Introdução

Os componentes de um esquema completo de gestão da mobilidade consistem na transferência, migração de ligações e gestão da localização. Os critérios de avaliação têm de ser desenvolvidos para comparar a eficácia dos esquemas de mobilidade. Os critérios podem incluir a transferência, perda e atraso de pacotes, tolerância a falhas, exigência de mudança na infra-estrutura de rede, tipo de mobilidade, apoio à diversidade IP, segurança, escalabilidade, etc. No presente documento, utilizamos os critérios acima referidos para classificar os esquemas de mobilidade propostos.

4.2 Fundametal da Gestão da Mobilidade

A gestão da mobilidade em redes de dados envolve a alteração do ponto de ligação, e consequentemente dos endereços IP, de um anfitrião móvel (MH). Uma mudança no endereço IP dá origem aos desafios de manter um fluxo ininterrupto de dados enquanto a MH muda o seu endereço, minimizando a perda de pacotes, mantendo a segurança, identificação da localização mais recente, etc. Alguns fundamentos são discutidos abaixo

4.2.1 Migração de ligações

Um MH adquire um novo endereço IP quando muda a sua sub-rede. Uma vez que o antigo endereço IP é mantido, uma questão natural a responder é como a CN continuará a comunicar com a MH que agora tem múltiplos endereços IP. A Migração da Ligação, que envolve notificar a CN sobre esta mudança e migrar a ligação do antigo para o novo endereço, é um esquema possível. Para evitar o fluxo de dados através do antigo endereço da MH, a migração de ligação pode resultar numa paragem temporária no fluxo de dados durante o processo de migração. Uma porta no meio da ligação pode ser utilizada para tratar da comutação da ligação. Alguns protocolos suportam múltiplos endereços IP para uma única MH com múltiplas interfaces, permitindo assim uma transição suave de uma interface para outra ao mudar de sub-redes.

4.2.2 Perda de pacotes e latência

Quando uma MH adquire um novo endereço IP, a menos que a MH e os protocolos subjacentes suportem múltiplos endereços, a MH só pode ser contactada através do novo endereço. Os pacotes destinados à MH através do antigo endereço não podem chegar ao destino, resultando em perda de pacotes, latência e desperdício de largura de banda da Internet. Os esquemas de mobilidade têm de apresentar técnicas para mitigar as perdas de pacotes e a latência durante as transferências.

4.2.3 Necessidade de infra-estruturas

A Internet não foi inicialmente concebida com a mobilidade em mente. Consequentemente, muitos dos esquemas propostos requerem mudanças na infra-estrutura existente da Internet, tais como gateway ou proxy no meio da ligação, para apoiar a mobilidade.

4.2.4 Gestão de Localização

Após a mudança de endereço IP de uma MH, uma CN deve ser capaz de localizar a MH. Um gestor de localização mantém o registo do endereço IP actual de uma MH, e fornece o endereço actual a qualquer entidade que tente iniciar a comunicação com a MH.

4.3 Critérios de avaliação

Quando um MH decide separar-se de uma sub-rede e ligar-se a outra com base na força do sinal das sub-redes vizinhas, o MH obtém um novo endereço IP da nova sub-rede. Os dados já em trânsito para o antigo endereço IP da MH podem ser perdidos, resultando num atraso maior devido à retransmissão dos pacotes perdidos. A alteração do ponto de ligação pode ser confinada a uma única sub-rede ou a um grupo de sub-redes vizinhas. A transferência pode exigir que os pedidos em execução em MH e CN estejam atentos à mobilidade, reduzindo assim a transparência dos pedidos. Além disso, a transferência entre sub-redes pode também resultar em conflito com soluções de segurança de rede padrão, e pode requerer hardware/software adicional a ser implantado na infra-estrutura de rede existente.

4.3.1 Processo de entrega

O desempenho de um esquema de gestão da mobilidade depende do tipo de transferência que pode ser suave ou dura. A transferência suave (também chamada transferência sem problemas) permite uma transferência suave, permitindo a um móvel comunicar e trocar dados com múltiplas interfaces simultaneamente durante a transferência. A comunicação através da interface antiga é abandonada quando a força do sinal do ponto de acesso correspondente cai abaixo de um determinado limiar. Pelo contrário, o handoff duro resulta na desconexão do antigo ponto de acesso quando a intensidade do sinal é inferior a um limiar antes de se ligar ao novo ponto de acesso.

4.3.2 Escalabilidade e Tolerância a Falhas

A escalabilidade refere-se à capacidade de um esquema de gestão da mobilidade para lidar com um grande número de MHs e CNs. Um esquema é escalável quando o seu desempenho não diminui com um aumento da dimensão da rede ou do número de MHs e CNs. Diz-se que um sistema é tolerante a falhas quando pode funcionar na presença de falhas do sistema. Por exemplo, um esquema com um único ponto de falha em dito ser intolerante a falhas.

4.3.3 Transparência da aplicação

Um esquema de mobilidade é transparente para uma aplicação quando a aplicação não precisa de saber sobre a transferência de propriedade nas camadas inferiores, e portanto não requer qualquer modificação à aplicação.

4.3.4 Perda/atraso

Os pacotes em voo não podem ser entregues à MH durante o período de entrega. Isto pode resultar em perdas de pacotes, atraso de pacotes, e uma falsa indicação de congestionamento na rede.

4.3.5 Soluções de Segurança

A Internet é vulnerável a muitas ameaças à segurança. Muitas das soluções, tais como filtragem de entrada e firewalls, para as ameaças não permitem que as entidades da rede processem cabeçalhos de pacotes como pode ser exigido por alguns dos esquemas de mobilidade.

4.3.6 Diversidade de Caminhos/IP Diversidade

Actualmente, um número crescente de dispositivos móveis vem com múltiplas interfaces de comunicação. Durante a transferência, umaMH pode ser capaz de tirar partido de múltiplos endereços IP (chamados diversidade IP), obtidos a partir de sub-redes separadas, associadas às múltiplas interfaces.

4.3.7 Mudança nas infra-estruturas

Um esquema de gestão da mobilidade pode exigir agentes de software adicionais (tais como agentes Home/Foreign no caso do PDM) ou hardware a ser implantado na infra-estrutura de rede existente. Tais agentes/hardware adicionais podem resultar em problemas de escalabilidade e de implantação do esquema a implementar no mundo real.

4.3.8 Alteração do protocolo

Um esquema de gestão da mobilidade na camada de transporte pode exigir a alteração do protocolo de transporte, ou pode exigir que as aplicações utilizem um novo protocolo de transporte ou API.

4.4 Resumo dos diferentes Esquemas de Camadas de Transporte

4.4.1 MSOCKS

No MSOCK TCP Splice para dividir uma ligação TCP num proxy, dividindo a comunicação hospedeiro-hospedeiro em comunicações hospedeiro-proxy e hospedeiro-proxy. O MSOCKS utiliza o TCP Splice para a migração da ligação. Durante a transferência, obtém um novo endereço IP da nova sub-rede, e estabelece uma nova ligação com o proxy utilizando a sua segunda interface. O processo de transferência de propriedade é difícil. A comunicação entre o proxy e a CN, no entanto, permanece inalterada. Os dados baixos entre MH e CN continuam assim, com o CN a desconhecer a mobilidade. A gestão da localização é feita através do procurador que está sempre ciente da localização da MH; isto limita a mobilidade dentro da cobertura do procurador. Apenas os pacotes voadores são perdidos aqui. Mas um único ponto de falha, se o proxy falhar, todo o sistema se rompe. A desvantagem deste protocolo é a necessidade de alterar a infra-estrutura da rede existente, bem como a pilha de protocolos.

4.4.2 SIGMA

SIGMA é um esquema completo de gestão da mobilidade implementado na camada de transporte, e pode ser utilizado com qualquer protocolo de transporte que suporte a diversidade IP. O SIGMA apoia a transferência suave baseada na diversidade IP. À medida que um MH se desloca para a região sobreposta de duas sub-redes vizinhas, obtém um novo endereço IP da nova sub-rede, tendo ainda o antigo como endereço principal. Quando o sinal recebido na MH da antiga sub-rede desce abaixo de um determinado limiar, a MH muda o seu endereço primário para o novo. Quando deixa a área sobreposta, libera o endereço antigo e continua a comunicar com o novo endereço, conseguindo assim uma transferência suave através das sub-redes. A gestão da localização no SIGMA é feita utilizando o DNS, uma vez que quase todas as ligações à Internet começam com uma procura de nomes. Sempre que uma MH altera o seu endereço, a entrada DNS é actualizada para que os pedidos subsequentes possam ser ser servidos com o novo endereço IP. A transferência de propriedade que suporta é suave. Há menos atrasos/perdas de pacotes do que os outros protocolos. A nova ligação falhará se o gestor de localização falhar. Aqui, não é necessário alterar a infra-estrutura, mas sim alterar a pilha de protocolos.

4.4.3 Migrar TCP

Migrate TCP é um esquema transparente de gestão da mobilidade que se baseia na migração de ligações utilizando Migrate TCP, e utiliza DNS para a gestão da localização . Em Migrate TCP, quando um MH inicia uma ligação com uma CN, os nós finais trocam um símbolo para identificar a ligação em particular. Uma transferência difícil ocorre quando a MH restabelece uma ligação previamente estabelecida utilizando o token, seguida de migração da ligação. Semelhante ao SIGMA , este esquema propõe a utilização do DNS para a gestão da localização. A transferência de propriedade que suporta é suave. Evita a transferência de dados durante a transferência de dados, para que nenhum pacote seja perdido. Aqui, não é necessário alterar a infra-estrutura. Precisa de alterar a pilha de protocolos na CN mas não na MH.

4.4.4 Freeze-TCP

Freeze-TCP é um esquema de migração de ligação que permite ao MH 'congelar' ou parar uma ligação TCP existente durante a transferência, anunciando um tamanho de janela zero para o CN, e descongela a ligação após a transferência. Este esquema reduz as perdas de pacotes durante a entrega ao custo de um atraso maior. Embora proporcione transparência às aplicações, o congelamento do TCP requer alterações na camada de transporte nos nós finais. O Freeze-TCP trata apenas da migração da ligação, mas não considera a transferência ou a gestão da localização. Pode ser utilizado com alguns outros esquemas como o Migrate para implementar um esquema completo de gestão da mobilidade. Suporta uma transferência de mão. Novas ligações falhariam se o gestor de localização falhar. Aqui, não é necessário alterar a infra-estrutura, mas sim alterar a pilha de protocolos.

4.4.5 RCP

O RCP transfere a responsabilidade pela execução de fiabilidade e controlo de congestionamento do remetente para o receptor. Permite um melhor controlo de congestionamento, recuperação de perdas, e mecanismos de gestão de energia em comparação com as abordagens centradas no remetente. A transferência é suave. Não entra em conflito com a solução de segurança. Suporta a diversidade de IP. Aqui, precisa de mudar na infra-estrutura. Com mais melhorias a seguir vem R^2 CP.

4.4.6 R^2 CP

R^2 CP é baseado no Protocolo de Controlo de Recepção (RCP), um clone TCP no seu comportamento geral, mas move os problemas de controlo de congestionamento e fiabilidade do remetente para o receptor no pressuposto de que o MH é o receptor e deve ser responsável pelos parâmetros da rede. R^2 CP tem algumas características adicionais sobre o RCP, como o suporte de acesso a ligações sem fios heterogéneas e diversidade IP que permite um handoff suave e agregação de largura de banda utilizando múltiplas interfaces. Um esquema de gestão de localização pode ser integrado com R^2 CP para implementar um esquema completo. O handoff é suave. Não entra em conflito com a solução de segurança. Suporta a diversidade de IP. Aqui, não precisa de mudar na infrastuctura.

4.5 Classificação dos esquemas de camadas de transporte

Os esquemas de gestão da mobilidade descritos anteriormente podem ser classificados, com base na sua abordagem à mobilidade, em quatro grupos, como se mostra no Quadro 4.3 e descrito abaixo.

4.5.1 Protocolo de Entrega

Em vez de serem esquemas completos de gestão da mobilidade, os esquemas pertencentes a esta classe são melhorias dos protocolos da camada de transporte que visam melhorar o desempenho, como a baixa latência e a reduzida perda de dados, dos anfitriões móveis durante a transferência de propriedade. Esta classe consiste em R^2 CP, MMSP, mSCTP, cada um dos quais apoia a diversidade IP e a transferência de dados sem descontinuidades. Podem ajudar na transferência de propriedade, mas não são esquemas completos de gestão da mobilidade devido à sua falta de componentes de gestão da mobilidade, tais como a gestão da localização.

4.5.2 Protocolo de Migração de Conexão

Os esquemas de mobilidade nesta classe baseiam-se em ligações migratórias que foram interrompidas ou colocadas em espera durante a transferência, a fim de assegurar uma única ligação ininterrupta entre CN e MH. Não tratam de questões de transferência de propriedade. Exemplos são o Freeze-TCP, TCP-R que são aperfeiçoamentos do TCP para permitir que uma ligação seja interrompida e reiniciada.

Quadro 4.1: Esquemas de Mobilidade em Camadas de Transporte Classificados por Abordagem

Class	Description	Example
Handoff protocol	Transport Layer Protocol that has features to support mobility	R^2CP,MMSP,mSCTP
Connection migration protocol	Transport Layer Protocol that can migrate multiple connections	Freeze TCP,TCP-R
Gateway-based mobility scheme	Provides mobility by putting a infrastructure between CN and MH and splitting the connection	MSOCKS, I-TCP,M-TCP, M-UDP, BARWAN
Mobility manager	Complete mobility schemes with handoff and location management	Migrate TCP and SIGMA

antes e depois de uma entrega, respectivamente.

4.5.3 Esquema de Mobilidade baseado em Gateway

Os esquemas desta classe tratam da mobilidade com um portal especial na infra-estrutura da Internet. A ligação entre o CN e o MH é dividida no gateway, sendo a ligação entre o gateway e o CN fixada ao mesmo tempo que permite ao MH deambular e alterar a sua ligação com o gateway. MSOCKS, I-TCP,M-TCP,M-UDP,BARWAN que pertencem a esta classe, requerem entidades especiais que dividem a ligação entre a MH e o CN. Não fornecem detalhes sobre a implementação de gestores de localização e, portanto, não são esquemas completos de gestão da mobilidade.

4.5.4 Gestão da Mobilidade:

Os esquemas nesta classe proporcionam esquemas completos de gestão da mobilidade de ponta a ponta na camada dos transportes. Migrar TCP e SIGMA , que pertencem a este grupo, fornecem esquemas completos de gestão da mobilidade de ponta a ponta através da implementação de handoff e gestão de localização.

4.6 Comparação entre os protocolos com base em diferentes critérios

Nós, até agora, discutimos sobre diferentes protocolos de mobilidade na camada de transporte e muitos critérios de avaliação sobre os quais os diferenciaremos. Hand-off, perda/atraso, tolerância a falhas, mudança de infra-estrutura, conflito com soluções de segurança, diversidade de IP, mudança na pilha de protocolos, etc. são os principais critérios de avaliação que utilizámos para diferenciar os protocolos. MSOCKS, M-TCP suporta hand-off duro, onde RCP e R^2 CP suporta hand-off suave. Há um mínimo de perda/atraso no SIGMA, RCP e R^2 CP, mas os pacotes voadores são perdidos no MSOCKS. O congelamento do TCP evita a transferência de dados durante a entrega para evitar a perda. Se o proxy falhar, então toda a ligação falha em MSOCKS, a nova ligação falhará se o gestor de localização falhar em SIGMA, RCP e R^2 CP têm alta tolerância a falhas. MSOCKS e R^2 CP precisam de mudar na infra-estrutura, mas os outros protocolos não precisam de o fazer. SIGMA e RCP apoiam a diversidade IP mas os outros não o fazem. Muitos outros critérios são ilustrados em detalhes no quadro 4.2.

Quadro 4.2: Comparação entre os protocolos com base em diferentes critérios

Criteria	MSOCK	SIGMA	FREEZE TCP	MIGRATE TCP	R^2CP	RCP
Handoff	Hard	Soft	N/A	Hard	Soft	Soft
Loss/Delay	Only the fly packets are lost	No	Avoids data transfer during hand-off to prevent loss	No, but stops transmission If MH is the server	No	No
Fault tolerance	Single point of failure: proxy	New connections would fail if location manager fails	Yes	would fail if location manager fails	Yes	Yes
Change in infrastructure	Yes	No	No	No	No	Yes
Transparency	Yes	Yes	Yes	Yes	Yes	Yes
Conflicts with security solution	Yes	No	No	No	No	No
IP Diversity	No	Yes	No	No	Yes	No
Change in protocol stack	Yes	Yes	No in CN, Yes in MH	Yes	Yes	Yes

CAPÍTULO 4

CONCLUSÃO

A mobilidade IP pode ser tratada em diferentes camadas na pilha do protocolo. Solução anterior como a janela deslizante TCP tem mais inconvenientes como, infra-estrutura, tráfego encriptado, dados não seguros, dados errados, conflito, etc. Para se livrar destes problemas, foi proposto algum protocolo de mobilidade na camada de transporte e alguns são desenvolvidos. Mas, é necessário comparar os protocolos para melhor escolher e identificar os que faltam para melhorar mais. Discutimos seis esquemas de mobilidade na camada de transporte.

Num relance, MSOCKS é construído em torno de um proxy que é inserido no caminho de comunicação entre um nó móvel e os seus correspondentes anfitriões. Um proxy MSOCKS ideal adicionaria uma latência mínima ao caminho dos pacotes que viajam de ou para os nós móveis. É um sistema flexível que os nós móveis podem continuar as ligações entre diferentes interfaces.

O SIGMA proporciona uma transferência sem problemas para anfitriões móveis e pode reduzir grandemente a latência da transferência, perda de pacotes, custos de sinalização e melhorar o rendimento de todo o sistema. A ideia básica do SIGMA é dissociar a gestão de localização da transferência de dados e conseguir uma transferência de dados sem descontinuidades, explorando a diversidade IP para manter vivo o antigo caminho durante o processo.

O RCP executa fiabilidade e controlo de congestionamento desde o emissor até ao receptor. As vantagens são quando o receptor decide mudar para outro mecanismo de controlo de congestionamento específico da interface após a transferência, tal decisão não precisa de envolver o remetente e, de cada vez, pode controlar o fluxo e a transferência sem descontinuidades.

R^2 CP é a extensão do RCP. Quando um handoffs de um host móvel de uma interface para outra durante uma ligação em directo, pode beneficiar de funcionalidades como, handoffs sem descontinuidades sem depender de suporte de infra-estrutura, migração de servidores para alcançar a continuidade de serviço e agregação de largura de banda usando múltiplas interfaces activas.

Freeze-TCP é um esquema de migração de ligação que permite ao MH congelar ou parar uma ligação TCP existente durante a transferência, anunciando um tamanho de janela zero para o CN, e descongela a ligação após a transferência. Este esquema reduz as perdas de pacotes durante a entrega ao custo de maior atraso.

O TCP migratório é um protocolo fiável da camada de transporte orientado para a ligação que suporta a migração eficiente de ligações em directo. O mecanismo de migração assegura que o novo servidor retome o serviço, preservando a semântica de entrega exactamente uma vez através da migração, sem congelar ou perturbar de outra forma o tráfego na ligação. A aplicação do cliente não precisa de ser alterada. Também discutimos alguns fundamentos de gestão da mobilidade que precisam de ser alterados no endereço IP, dando origem aos desafios na manutenção de um fluxo ininterrupto de dados como, por exemplo, migração de ligações, perda e latência de pacotes, gestão de localização, necessidade de infra-estruturas, etc. Discutimos também algum outro esquema completo de mobilidade que apoia a diversidade IP e a transferência suave, comportamento, transparência para aplicações, e que pode ser implementado sem qualquer alteração na infra-estrutura da rede é muito adequado para lidar com a mobilidade dos anfitriões na Internet. Finalmente, avaliamos os esquemas comparando os esquemas com base em diferentes critérios. Os critérios de avaliação discutidos são processo de handoff, escalabilidade e tolerância a falhas, transparência, perda e atraso, diversidade de caminhos, segurança, mudança na infra-estrutura, mudança de protocolos, etc.

REFERÊNCIAS

[1] Maltz, David, e P. Bhagwat, "Msocks": An architecture for transport layer mobility", *17ª Conferência Anual Conjunta das Sociedades de Informática e Comunicações do IEEE. Proceedings*, vol. 3, 1998.

[2] G. Bolch, S. Greiner, H. de Meer, e K. S. Trivedi, *"SIGMA: Um esquema de gestão da mobilidade na camada de transporte para redes terrestres e espaciais"*. Kluwer Academic, 2005.

[3] Kevin e S. Singh, "A receiver-centric transport protocol for mobile hosts with heterogeneous wireless interfaces", *Wireless Networks 11*, no. 4, pp. 363-382, 2005.

[4] Goff, Tom, J. Moronski, D. S. Phatak, e V. Gupta, "Freeze-tcp: A true end-to-end tcp enhancement mechanism for mobile environments", *Nteenth Annual Joint Conference of the IEEE Computer and Communications Societies*, vol. 3, pp. 15371545, 2000.

[5] Koh, S. Joo, M. J. Chang, e M. Lee, "msctp for soft handover in transport layer", *Communications Letters, IEEE 8.3*, 2004.

[6] C. E. Perkins, "IP mobility support," IETF RFC 3344, Ago 2002.

[7] Fu, Shaojian, Atiquzzaman, e Y. J. Lee, "Arquitectura e performance de sigma: A seamless mobility architecture for data networks", *Journal of High Speed Networks*, vol. 5, 2005.

[8] C. Perkins, D. Johnson, e J. Arkko, "Mobility support in IPv6," IETF RFC 6275, Jul 2011.

[9] Goff, J. Moronski, D. S. Phatak, e V. Gupta, "I-tcp: Indirect tcp for mobile hosts", *Distributed Computing Systems, Actas da 15ª Conferência Internacional*, 1995.

[10] Brown, Kevin, e S. Singh, "M-tcp: Tcp para redes celulares móveis", *ACM SIGCOMM Computer Communication Review 27*, no. 5, pp. 19-43, 1997.

[11] Atiquzzaman, Mohammed, e A. S. Reaz, "Survey and classification of transport layer mobility management schemes", *Personal, Indoor and Mobile Radio Communications*, vol. 4, 2005.

[12] Iyer, Y. Gopalan, S. Gandham, e S. Venkatesan, "Stcp: a generic transport layer protocol for wireless sensor networks," *14th International Conference on IEEE*, 2005.

[13] Phan, Thomas, K. Xu, R. Guy, e R. Bagrodia, "Handoff of application sessions across time and space", *Conferência Internacional IEEE*, vol. 5, 2001.

[14] Gundavelli, K. Leung, V. Devarapalli, K. Chowdhury, e B. Patil, "Proxy mobile ipv6", RFC 5213, Ago 2008.

[15] Eddy e W. M., "A que camada pertence a mobilidade"? *Communications Magazine, IEEE, 42*, 2004.

[16] Ioannidis, D. Duchamp, e G. Q. M. Jr., "IP-based protocols for mobile internetworking", *ACM SIGCOMM Computer Communication Review*, vol. 21, no. 4, pp. 235-245, 1991.

[17] H. nd Peter J. Chidgey e F. Kaufhold, "A transport network layer based on optical network elements", *Lightwave Technology, Journal of 11*, no. 5, pp. 667-679, 1993.

[18] G. Bolch, S. Greiner, H. de Meer, e K. S. Trivedi, *Computer networking*. Pearson Education, 2012.

[19] S. Fu e M. Atiquzzaman, "Hierarchical location management for transport layer mobility," in *IEEE GLOBECOM*, San Francisco, CA, 27 de Novembro a 1 de Dezembro de 2006.

Printed by Books on Demand GmbH, Norderstedt / Germany